文春学藝ライブラリー

耳《みみ》鼻《はな》削《そ》ぎの日本史

清水克行

文藝春秋

はじめに　耳塚・鼻塚の伝説を訪ねて

耳塚・鼻塚の伝説

日本国内には都会のマンションに挟まれた片隅に、あるいは田舎の畦道《あぜみち》のかたわらに、いまも由来の知れない塚が数多く、ひっそりとたたずんでいる。室町～戦国時代の社会史を研究している私は、家で古文書や古記録を読みふける一方、折にふれて、そうした各地の塚を訪ねては、そこに残された石仏や石塔に何か文字が刻まれてはいないかと探してまわったり、近隣住人の方々に塚の由来を尋ねたりしている。

そうして出会ったいくつもの塚のなかでも、とりわけ特異な伝承をもっているのが、これからお話しする「耳塚《みみづか》」や「鼻塚《はなづか》」とよばれる塚である。それらはたいがい地元では「戦国時代の合戦で討ち取られた兵士の耳や鼻を埋葬した塚である」という説明がなされている。「合戦で敵の首を取って、それを埋葬した首塚」という話はよく聞くが、「耳や鼻を削《そ》いで、それを埋葬した耳塚・鼻塚」というのは、一般にはあまり聞かない話ではないだろうか？　似たもので、かろうじてよく知られているのには、豊臣秀吉（一五三六〜九八）が文禄《ぶんろく》・慶長《けいちょう》の役《えき》（一五九二〜九八）の折に討ち取った朝鮮人の耳を埋葬したと伝わる、京都・方広寺《ほうこうじ》の「耳塚」がある（正しくは鼻塚であるが、江戸時代以降、「耳塚」と誤伝される）。秀吉の「耳塚」については、関連する史料も多く、いくつかの高等学校の教科書では写真入りで大きく取り上げられているから、聞いたことのある人もいるだろう。だが、じつはわが国には、それ以外にも、戦国時代に討ち取られた兵士の耳や鼻を埋葬したという伝説をもつ耳塚・鼻塚が、いまもあちこちに点在しているのである。

百瀬の耳塚

二〇一〇年一〇月、私は長野県松本市寿豊丘《ことぶきとよおか》に、はじめて「耳塚」なるものを訪ねた。場所は、ＪＲ松本駅から四キロほど南のＪＲ篠ノ井線・平田駅から徒歩一五分ほどのところで、かつては百瀬《ももせ》とよばれていた土地である。そこの塚は、戦国時代、武田信玄（一五二一〜七三）と小笠原長時《ながとき》（一五一四〜八三）が戦った「桔梗ケ原《ききょうがはら》の戦い」の戦死者の耳を埋葬した場所と伝えられている。この探訪を皮切りに、私は以後数年間、全国の耳塚・鼻塚とよばれる塚を訪ねてまわることになるのだが、出発前の私には一つの素朴な思い込みがあった。

長野県松本市にある百瀬の耳塚は集落のなかに残され、塚の上には小堂が建てられている（著者撮影）。

お堂の裏手に提げられた「かわらけ」。底に穴があけられ、ひもを通しているのが見える。現在も「キキミミサマ」としてご利益を求める人が、ときおり訪れるという（著者撮影）。

というのも、そもそも戦死者の耳や鼻を切り取るという習俗自体、まるで怪談「耳なし芳一《ほういち》」を思わせる不気味さであるが、その耳や鼻を祀《まつ》る塚がいまもあるなんて、あまりに猟奇的ではないか。あるいは、そこでは、いまも耳や鼻を失った落武者の怪奇幽霊譚などが語り継がれているのではあるまいか。そんな怖いもの見たさの好奇心もあって、私は現存する耳塚の一つに足を運んだのだった。

百瀬の耳塚では、そのすぐ裏手にお住まいの上條正志さん（一九二六年生まれ）から思わぬ歓迎をうけ、ずいぶん長い時間、いろいろなお話を聞くことができた。塚の脇に立っている石碑には「首塚」と書かれているが、それはまちがいで、地元で「首塚」とよぶ者などなく、ここは「耳塚」であるとか。もともと、この塚は二つの小山が並ぶかたちだったが、明治時代に町会堂（現在、個人宅）を建てるために一つを崩してしまったとか。いずれも地元の方しか知りえない有益な情報だった。

私は調子に乗って、「この耳塚について何か怨霊が出るとか、そういう話はありませんか？」という、まったく興味本位の質問をしてみた。すると、上條さんは、しばらく考えてから、「いや〜、そんな話は聞いたことないですな」と答える。「じゃあ、戦国時代の戦死者の耳が埋まっている塚のお隣に住んでいて、なんか気持ち悪いなと思ったりしたことは？」と尋ねてみたが、それにも「そんなことはまったくありません」という答えが返ってきた。考えてみれば、長年の住人に向かって「気持ち悪くありませんか？」というのも、ずいぶん失礼な質問である。ところが、上條さんは驚くべきことに、「気持ち悪い」どころか、耳塚の隣に住んでいることを「誇りに思っている」と語りはじめたのだ。

キキミミサマ

現在、この耳塚の上には一つの小堂が建っている。この小堂には、道祖神《どうそじん》（疱瘡神《ほうそうしん》）とコダマサマ（お蚕様《かいこさま》）と一緒に、「キキミミサマ」が祀られている。上條さんによれば、キキミミサマとは、耳の神様で、耳の聞こえの悪い人がここにお参りすると、よく聞こえるようになるらしい。キキミミサマのおかげで耳が聞こえるようになった人は、お礼としてキキミミサマに、かわらけ（土器）や茶碗の真ん中に穴をあけたものを、「耳」に見立てて奉納することになっていて、いまでも、たまにずいぶん遠方からお参りに来る人があるのだという。たしかに、お堂の外側には、無数の素焼のかわらけの真ん中の穴に糸を通して数珠《じゅず》のようにしたものが、いくつもぶらさげてあった。かわらけには奉納者の名前と日付が書いてあったが、そのうち、いちばん新しい日付は平成一六年（二〇〇四年）だった。私の予測を裏切り、耳塚は不気味な存在などではなく、地域社会のなかで霊験あらたかなパワースポットと認識されていたのだった。

この地域ではとくに屋号《やごう》（戸籍上の苗字とは別に、村のなかだけで通用する家の呼び名）といったものはないそうだが、上條さんは自分で創出した屋号を名乗っており、それは、ほかでもない「耳塚」なのだそうだ。おかげで、この地域で「耳塚さん」といえば、誰もが上條さんだとわかるし、実際、上條さんの自家用トラックには誇らしげに「耳塚」のステッカーが貼られている。

この調査の後、私は日本中の耳塚・鼻塚を訪ねてまわり、同じような質問を試みてみたが、けっきょくのところ、どこの耳塚・鼻塚からも不気味な怨霊譚が聞かれることはなかった。それどころか、この百瀬の耳塚と同じく、土地の人たちから愛され、ご利益《りやく》を信じられている耳塚はほかにも確認することができた。おどろおどろしげな耳鼻削ぎの伝承とは対照的な、霊験あらたかな耳塚への地域の人たちの思い――。このギャップは、いったいどう考えればよいのだろうか？　そもそも、戦国時代の耳や鼻が埋められているという、これらの伝承は、すべて真実と考えてよいのだろうか？

柳田・南方論争

じつは、この耳塚・鼻塚の伝承にまつわる謎については、私などが気づくよりはるか以前に、それに取り組んだ〝大先輩〟がいた。柳田国男《やなぎたくにお》（一八七五～一九六二）と、南方熊楠《みなかたくまぐす》（一八六七～一九四一）である。

柳田国男といえば、〝日本民俗学の父〟とよばれ民俗学の草創に尽力した人物として、いまや知らぬ者のない偉人だろう。かたや南方熊楠も、博物学や生物学など、民俗学にとどまらない博識と、奇抜なエピソードで知られる非凡な人物である。この二人が生前に交わした書簡が、現在まで両者あわせて一五〇通以上も残されている。

この二人の天才のあいだに交わされた膨大な往復書簡群は、さしあたり『柳田国男・南方熊楠 往復書簡集（上・下）』（飯倉照平編、平凡社ライブラリー）として読むことができる。一九一一年から二五年間、書面を通して、じつにさまざまな話題が二人のあいだで交わされ、その内容は双方の視野の広さと洞察力の深さ、それぞれの個性を浮き彫りにする味わい深いものになっている。ただ残念ながら、二人が絶縁したことで、この往復書簡は一九二六年を最後に途絶えてしまうことになる。何を隠そう、彼らの交流に終止符を打った話題こそが、本書が主題とする「耳鼻削ぎ」と耳塚・鼻塚の問題なのである。

往復書簡中、最後の二人の話題の焦点は、日本各地の耳塚・鼻塚とよばれる塚の評価に絞られる。耳塚・鼻塚のなかに兵士たちの耳や鼻が眠っているという伝承を、さきに柳田は一九一六年に発表した「耳塚の由来について」という論文のなかで否定してしまっていた。柳田によれば、「かりにいたって惨酷なる風習が中世に普通であったとすれば説明は容易だが、さもない限り（中略）まず第一に人間の耳がそう簡単に截《き》り取って物品のように扱うことができるものか否かが疑わしい」とのことだった。そのかわり柳田は、持論である「神に供えられるものは、通常のものと異なる外的特徴をもたせる」という論理をもって、これを説明する。つまり、全国に「片目の魚」の伝説や「片耳の鹿」の伝説が残るように、生贄《いけにえ》として神に供える生き物はかならずこれを通常のものと区別するため、その生き物の片目をつぶす、片耳を切り落とすなどの加工がなされる。耳塚・鼻塚も決して戦場での耳鼻削ぎの遺跡ではなく、本来はそうした習俗に由来するものではないか、というのだ。

この柳田の説に対し、当初、南方は沈黙していたが、柳田に意見を求められると、溜まったものを吐き出すかのように猛烈な批判を展開する。その書簡は、夜中の一二時に書きはじめ、書きあがると午前三時になっていたというが、一万字を優に超える異様に長大なものである。そのなかで南方は、当時見られるかぎりの文献史料を引用して、中世日本の戦場において耳鼻削ぎという「いたって惨酷なる風習」が実在したことを、執拗なまでに論証している。本書でも詳述するように、柳田の見通しとは異なり、たしかに日本史上において耳鼻削ぎはしばしば行われていた。そのかぎりにおいては、南方の批判はまったく正当なものだった。

しかし、その後、二人の書簡のやりとりは途切れ途切れに三回ほど繰り返されただけで、以後、途絶えてしまうことになる。二人の絶縁は決して「耳塚」の話題だけが原因ではなかったようで、その確執の主要因が何であったのかは、いまもって謎に包まれている。ただ、後年、南方は「そもそも事の起こりは、柳田氏から書いたものを批評してくれと言われて批評したのを、柳田氏が不愉快に思ったのが原因で、（中略）批評してくれと頼まれれば、私はその著作に不十分な点があれば、それを補うためにも命がけで批評することにしている。要は、批評を求めた以上、求めた側は、その批評を受け止めていっそう奮起して研究を重ねなければいけないのではないだろうか」という趣旨の内容を語っている（大正七年三月二七日付上松蓊宛書簡、意訳）。これが耳塚の話題をさすことは明らかだろう。

民俗学の二つの道

ただ、両者の論争は、そうした事実認定の問題をこえて、二人の研究手法、ひいては日本文化観・民俗学観の相違をも示しているように思われる。この点は、二人のほかの著作群を見比べれば一目瞭然である。柳田の仕事は、もちろん資料収集には卓越しているものの、どちらかというとそれらに意味づけをあたえる着想の妙にその魅力があるといえる。たしかに全国の耳塚・鼻塚についての情報を列挙したうえで、それを通俗的な説明では片づけずに、神や精霊への生贄の文化へと飛躍させる発想の柔軟さには驚かされる。ただ、その飛躍は、魅力と裏腹に柳田の弱点でもあり、しばしば柳田の著作には論証抜きのこじつけとも思える強引な論法が顔を出す。

これに対し、南方の仕事の魅力は、その奇抜なエピソードで彩られたキャラクターとは対照的に、じつは偏執的ともいえる情報収集に支えられている。まだインターネットもデータベースもなかった時代に、彼の洋の東西を問わない文献からの博引傍証《はくいんぼうしょう》には、いま読んでもため息が出るほどだ。すでに史料中に耳鼻削ぎの事例を多く確認していた南方は、きっと柳田の耳塚・鼻塚の理解に黙っていることができなかったのだろう。

さらにいえば、この論争では二人の日本文化観の相違も浮き彫りになっている。これもしばしば指摘されるところだが、〝近代的学問〟としての民俗学を打ち立てようとしていた柳田の仕事には、その研究対象から〝おどろおどろしいもの〟や〝グロテスクなもの〟を意識的に排除しようとする傾向があった。猥雑な性愛の問題や無軌道な庶民の残酷性など、彼が登場する以前の〝民俗〟がむしろそうしたものとみなされていた以上、パイオニアである彼の学問がそうしたネガティブな面を払拭しようという傾向をみせるのは、当然のことであった。

これに対し、南方はあえて民俗に〝陽〟ではなく〝陰〟の側面を見出そうという傾向があった。自身の嗜好もあって、南方には男色やオカルト的な対象に惹《ひ》かれる側面が強くあった。その意味では、耳鼻削ぎの話題は二人の日本文化観の相違をいみじくも浮き彫りにしてしまう試金石であったといえる。日本社会に耳鼻削ぎなどという「いたって惨酷なる風習」があったことを認めるか否か？　いまも各地に残る耳塚・鼻塚をそうした習俗の遺跡と認めるか否か？　二人の意見は、学問的方法論のうえでも、日本文化観のうえでも、真っ向から衝突してしまったのである。彼らが交わした学問的対話の最後が耳鼻削ぎであったのは、決して偶然のことではなかった。

では、耳塚・鼻塚の評価については、けっきょく柳田と南方のどちらが正しかったのだろうか？　じつは、これはそう簡単な問題ではない。たしかに中世の戦場では耳鼻削ぎはしばしば行われており、そのかぎりでは柳田はまちがっており、南方の主張のほうが正しかった。しかし、全国に残る耳塚・鼻塚をすべて南方説で説明できるかというと、どうもそれはなかなか難しそうだ。

耳鼻削ぎの歴史をたどる

現在も残る耳塚・鼻塚は、本当に中世の耳鼻削ぎの習俗に由来するものなのだろうか？　そもそも過去の日本社会に、耳鼻削ぎなどという習俗がそんなに行われていたのだろうか？　あまり気持ちのよくないテーマかもしれないが、本書では、あえて、日本社会のなかの耳鼻削ぎの歴史を追求してみたいと思う。そこには、もちろん柳田や南方が取り組んだような、いまに残る耳塚・鼻塚の由来を探るという民俗学的な関心もある。ただ、それ以上に私は、耳鼻削ぎ習俗という題材は日本中世を生きた人々の思考様式に迫るための格好のテーマだと考えている。現在の私たちからすれば忌まわしい猟奇的行為にしかみえない事柄に、当時の人々はどのような意味を託していたのか？　このことを探ることは、大げさではなく、私たち自身の身体観や刑罰観の来歴をみつめなおすことにつながるのではないか、と私は考えている。

また、本書の最後に述べるように、じつは耳鼻削ぎという習俗は世界各地で（いまも！）行われている。その点に目配りをすれば、かつての日本社会で行われていた耳鼻削ぎは、広くユーラシア大陸に展開する普遍的な習俗に連なっていたことになる。では、そうした世界的な普遍性から脱却して、わが国はどのようにして、またどうして耳鼻削ぎを「卒業」したのだろうか？　その意味では、耳鼻削ぎの歴史を考えることは、私たちの社会の「文明」化の過程を考えることでもあるといえるだろう。

では、勇気を出して、耳鼻削ぎ数百年の歴史をたどる旅にお付き合いいただきたい。

耳鼻削ぎの日本史—目次

第五章　耳塚・鼻塚の謎

耳《みみ》鼻《はな》削《そ》ぎの日本史

＊本書は、『耳鼻削ぎの日本史』（二〇一五年六月刊、洋泉社歴史新書y）を底本とし、新たに補論を加えた増補版です。

ＤＴＰ制作　エヴリ・シンク

第一章

「ミミヲキリ、ハナヲソギ」は残酷か？

「阿氐河庄上村百姓等言上状」（国宝、高野山金剛峯寺蔵）。８行目に「ミ、ヲキリ……」と「地頭の暴力」を百姓自らが告発する。

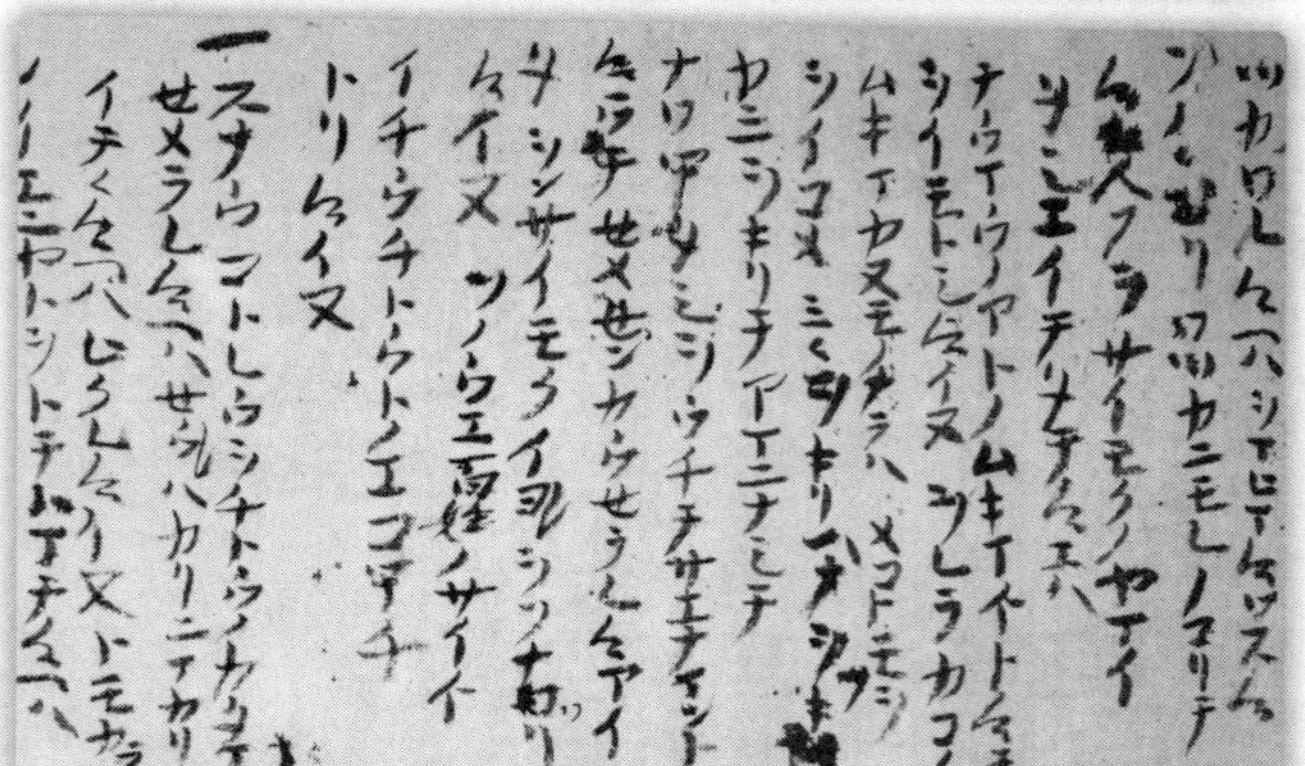

一　日本史教科書で描かれた耳鼻削ぎ

刻み込まれる「みじめな民衆」像

高等学校の日本史の教科書のなかには、誰もの記憶に残る、いくつかの印象的な史料がある。次に掲げる三点の史料は、それぞれ古代・中世・近世の民衆生活を物語る重要史料として、教科書にはかならずといってよいほど引用され、その内容のインパクトもあって、いずれもきわめて有名なものである。

①古代の「貧窮問答歌《ひんきゅうもんどうか》」
②中世の「阿氏河荘《あでがわのしょう》百姓申状《ひゃくしょうもうしじょう》」
③近世の「慶安《けいあん》の（御《お》）触書《ふれがき》」

個人的な思い出話で恐縮だが、いまから二〇年ほど前、私の大学時代の恩師（藤木久志先生）は、文学部史学科の一年生向け「日本史概説」の講義の最初で、これらを「みじめな民衆3点セット」とよんで、かならず講義の素材とされていた。まことに言いえて妙で、たしかに、この三点の史料から読みとれる民衆イメージというのは、いずれも「為政者から虐《しいた》げられている、みじめな民衆の姿」なのである。すでにご存じのことかもしれないが、あらためてその内容を紹介しよう。

まず、①の「貧窮問答歌」は、奈良時代、山上憶良《やまのうえのおくら》（六六〇？～七三三？）がつくった長歌（および反歌）で、『万葉集』巻五に収められている。そこでは、

伏廬《ふせいお》の　曲廬《まげいお》の内に　直土《ひたつち》に　藁《わら》解き敷きて　父母《ちちはは》は枕の方に　妻子《めこ》どもは　足の方に　囲み居て　憂へ吟《さまよ》ひ……

つぶれかけた家、曲がり傾いた家のなかでは、地べたに藁を敷いて、父母は枕のほうに、妻子たちは足のほうに、自分を囲むように寝て、悲しんだり呻《うめ》いたりしている。

といった調子で、竪穴《たてあな》住居に住む貧しい律令制下の農民の生活が具体的に描かれている。さらに「楚《しもと》取る　五十戸良《さとおさ》が声は　寝屋戸《ねやど》まで　来《き》立《た》ち呼《よ》ばひぬ」（ムチを持った里長のよぶ声は寝室にまで聞こえてくる）と、徴税役の苛烈《かれつ》な取り立ても、その貧困に追い打ちをかける。その結果、主人公は「天地《あめつち》は広しといへど　吾《あ》がためは　狭《さ》くやなりぬる

日月《ひつき》は明《あか》しといへど　吾がためは　照《て》りや給《たま》はぬ」（天地は広いというが、私にとっては逃げ場所のない狭いもので、太陽や月は明るいというけれど、私には光が届くことはない）と絶望してしまう。この歌について、一般的には「そこに示された貧窮の様相は写実的で、班田制下の農民の姿を余すところなく伝えている」と評価されている（『ブリタニカ国際大百科事典』）。

次の②「阿氏河荘百姓申状」は、鎌倉時代の建治《けんじ》元年（一二七五）、紀伊《きい》国の阿氏河荘という荘園（現在の和歌山県有田川町）の百姓たちが自らの手で文書をしたため、地頭（湯浅氏）の非法の数々を領家（寂楽寺《じゃくらくじ》）に告発したものである。全一三条からなるその文書は、ほとんどが素朴な筆跡のカタカナで書かれ、それだけに地頭の衝撃的な暴力の実態を生々しく伝えるものとなっている。なかでも有名なのは、次の一節だろう。

ソノ、コリ《残》、ワツカニモレノコリ《洩残》テ候人フ《人夫》ヲ、サイモク《材木》ノヤマイタシ《山出》エ、イテタテ《出立》候エハ、テウマウ《逃亡》ノアト《跡》ノムキマケ《麦蒔》ト候テ、ヲイモトシ《追戻》候イヌ。「ヲレラカコノムキ《麦》マ《蒔》カヌモノナラハ、メコ《女子》トモ《共》ヲヲイコメ《追籠》、ミ《耳》、ヲキリ《切》、ハナ《鼻》ヲソキ《削》、カミ《髪》ヲキリ《切》テ、アマ《尼》ニナシテ、ナワホタシ《縄絆》ヲウチ《打》テ、サ《苛》エナマン」ト候ウテ、セ《責》メせンカウせラレ候。

（「高野山文書」）

（地頭にこき使われないで）わずかに残った人夫すらも、私たちが材木の切り出しのため山林へと向かわせようとしたところ、（地頭は）逃亡した百姓の耕地に麦を蒔けと言って、追い返してしまいます。（そのうえ）「おまえらがこの麦を蒔かなかったならば、妻たちを監禁して、耳を切って、鼻を削《そ》いで、髪を切って尼にして、縄で縛って虐待するぞ」と言って、私たちを厳しく責めるのです。

言うことをきかない百姓の妻を監禁して、耳を切り、鼻を削ぐ――。なんとも猟奇的な光景ではないか。その衝撃的な内容もあって、これまで、この文書は地頭の残虐な暴力の実態を生々しく描いた被害者側の貴重な証言として、鎌倉時代の地頭のイメージづくりに長く利用されてきた。もちろん、ここに登場する「ミミヲキリ、ハナヲソギ」は本書の主題そのものであるので、のちにくわしく検討することにしよう。

そして、③の「慶安の触書」は、慶安二年（一六四九）、江戸幕府が全国の農村に対して公布したとされる全三二条の法令である。その内容は、農民生活の細部にまで立ち入ったもので、百姓に対し「朝おきをいたし、朝草を苅り、昼は田畑耕作にかかり、晩には縄をなひ、俵を編み……」（5条）を奨《すす》め、さらに「酒・茶を買ひ、飲み申すまじく候」（6条）、「たばこ飲み申すまじく候」（23条）、「衣類の儀、布・木綿より外は帯・衣裏《きぬうら》にもつかまつるまじき事」（16条）など、衣食住全般にわたって奢侈《しゃし》を規制している。しまいには、「百姓は分別もなく末の考えもなき者に候ゆゑ、秋になり候へば、米・雑穀をむざと妻子にも食はせ候」（11条）という独自の衆愚観を披瀝《ひれき》したうえで、「見目かたち良き女房なりとも、夫のことをおろかに存じ、大茶を飲み、物参り・遊山好きする女房を離別すべし」（14条）と「理想的な女性」像まで展開する。もし、この法令が現実に機能していたとすれば、近世の民衆生活は、酒も茶もタバコも許されず、ひたすら耕作に専念することのみを強制された、息も詰まるような重苦しいものであったことになる。

　これと並んで、江戸幕府初代将軍・徳川家康（一五四二～一六一六）が語ったとされる「百姓どもは死なぬやうに、生きぬやうに」（『昇平夜話《しょうへいやわ》』）や、同じく家康の腹心だった本多正信（一五三八～一六一六）が語ったとされる「百姓は財の余らぬやうに、不足になきやうに」（『本佐《ほんさ》録《ろく》』）という格言。あるいは、「ゴマの油と百姓は絞れば絞るほど出る」（『西域物語《せいいきものがたり》』）といった為政者の言葉から、長く近世の農民イメージは重税と生活統制にあえぐ、暗く、みじめなものとされてきた。

　以上、あらためて、この有名な三点の史料を通覧してみると、わが国の民衆は古代から近世にかけて、つねに為政者に虐げられ、みじめな立場を強いられていた、という印象しかない。しかし、この「3点セット」を通して高等学校の日本史の授業で再生産されている「みじめな民衆」イメージは、はたして真実なのだろうか？

——という問題提起からはじめられるのが、私が受講した藤木先生の「日本史概説」の毎年の講義スタイルだった。その後の講義の展開は、藤木先生の著作を一度でも読んだことのある方にはご存じのとおり、中世～近世の民衆たちの躍動的な生活実態が次々と明らかにされていき、「みじめな民衆3点セット」の描く民衆像を否定する、迫力ある史実が提示されていくことになる。大学に入りたてだった私は、その講義の魅力にたちまち引き込まれることになった。

山上憶良の歌は盗作だった⁉

それから二〇年、「みじめな民衆3点セット」は、いまも教科書にその姿をとどめているが、研究の世界では、これらの史料についての再検討が大きく進んでいる。以下、簡単に紹介しよう。

まず①の「貧窮問答歌」であるが、この歌に描かれた一つ家での夫婦父母同居の居住形態については、かねて家族史の立場から疑問が指摘されていた。というのも、この歌では「父母は枕の方に、妻子どもは足の方に」と、夫婦と夫の両親が同居しているように描かれているが、奈良時代における新婚夫婦は、夫の両親とは同居せずに、自分たちの独立した家をもつのが一般的であったことが明らかになっている。それからすると、この歌に描かれた家族形態は、当時の民衆生活の実態にはそぐわないのである。

さらに、この歌への疑念を決定的にしたのは、これとよく似たフレーズをもつ詩の断《だん》簡《かん》が中国の敦煌《とんこう》から発見されたことである。それは、俗に「敦煌文書《もんじょ》」とよばれる敦煌の莫高窟《ばっこうくつ》に眠っていた一〇〇〇年前の文書群のうちの一つであるが、そのなかには「世間日月明、皎々照衆生……貧富有格別」（世間の太陽と月は人々を煌々《こうこう》と照らすというが、それにも貧富の差がある）、「里政追需調」（里長が貢納物を取り立てに）、「門前見債主、入戸見貧妻、舎漏児啼哭」（門口には取り立て人、家のなかには貧しい妻、子どもの泣き声は小屋から漏れる）など、「貧窮問答歌」と酷似した表現が多くみられる。作者の王梵志《おうぼんし》は唐代の遊行僧で、その作品が日本にも伝えられていたことは確実である。また、「貧窮問答歌」の作者・山上憶良自身も遣唐使の随員として長安を訪れた経歴があり、その歌には仏典や中国典籍の影響が認められる。こうしたことから、現在では「貧窮問答歌」は、唐の王梵志の詩の影響をうけて成立（盗作？）した可能性が高く、さきの両親同居の家族形態も当時の日本の実態というよりは、中国社会の実態を敷き写しにしたものと考えられている。当然ながら、この作品から奈良時代当時の「みじめな民衆」像を読みとるのは、慎重であるべきだろう。

偽書だった「慶安の触書」

また、「慶安の触書」についても、現在の研究ではそれが後世の偽書《ぎしょ》であることが、ほぼ明らかにされている。そもそも、この「慶安の触書」については、江戸後期以来、さまざまな出版物に紹介されながらも、肝心の村落側に伝達されたはずの文書の現物がいっさい残っていないことから、古くからその存在を疑問視する声はあった。

そのうえさらに、一九九〇年代になって、山梨県から長野県にかけて、一七世紀後半に同地域に流布していた「百姓身持之事《ひゃくしょうみもちのこと》」という地域的な教諭書が相次いで発見され、その内容が「慶安の触書」とそっくりであることが暴露されてしまった。このため、現在では「慶安の触書」は、この「百姓身持之事」をもとにして後世に偽作されたものであることが、ほぼ確定している。その仕掛け人は、一九世紀はじめに幕府学問所の総裁であった儒学者・林述斎《はやしじゅっさい》（一七六八～一八四一）。美濃《みの》岩村藩主の子であった彼は、同藩に伝わる「百姓身持之事」を「慶安御触書」と名づけて流布したらしい。折しも幕藩体制が動揺するなか、百姓への統制・教化を強めようとしていた林は、「百姓身持之事」に目をつけて、それを流布することを企んだが、それには一小藩の教諭書では説得力にとぼしい。そこで、その成立を近世成立期にまで遡《さかのぼ》らせ、あわせて、れっきとした幕府法令であることを偽装した、というのが事の真相らしい。当然、この「慶安の触書」から、近世の民衆生活が息も詰まるような統制に縛られた、暗くみじめなものだったというイメージをもつことが誤りであることはいうまでもない。

ちなみに、こうした研究の進展をうけて、現行の日本史教科書ではさすがに「慶安の触書」は姿を消しつつある。紹介されたとしても、中身にまでは立ち入らず名称を紹介するだけだったり、「偽作」説を紹介する注記が付けられたりしているようだ。

「阿氐河荘百姓申状」研究の現在

さて、ずいぶん前置きが長くなってしまったが、ここからが本題である。

古代の「貧窮問答歌」、近世の「慶安の触書」が、いずれもそこから「みじめな民衆」像を導き出すには適切な史料ではないことがおわかりいただけたと思う。ここ二〇年あまりの日本史研究は、マルクス主義的な歴史観から自由になり、いたずらに為政者と民衆の対立を強調したり、為政者側の強圧性や民衆の非力さに重きをおいたりすることはなくなってきている。そうした研究動向の変化が、これらの史料の再検討を進めてきたといえるだろう。

では、残る中世の「阿氐河荘百姓申状」は、現在どう評価されているのだろうか？以下、阿氐河荘百姓申状の研究を刷新し続けている黒田弘子氏の研究にもとづきながら、紹介しよう（いくつかの書籍では「阿弖河」とも表記されるが、「弖」も「氐」も同じ字であり、中世史料でも両方が混用されている。どちらを使ってもまちがいではないが、本書では正字とされる「氐」を使う。なお、正しい読みは「あでがわ」もしくは「あぜがわ」である）。

まず、この文書は、阿氐河荘の上村《かみむら》の百姓たちが地頭・湯浅氏の非法を荘園領主である寂楽寺に告発したものである(現在、この文書が「高野山文書」として伝来しているのは、その後、嘉元《かげん》二年(一三〇四)に阿氏河荘が高野山金剛峯寺《こんごうぶじ》領になったため、関係文書一式が高野山に譲られたことによる)。それ以前、寂楽寺と湯浅氏は荘園支配をめぐって争っており、その対立は六波羅探題《ろくはらたんだい》の法廷にまで持ち込まれていた。そのため、この法廷闘争中に書かれた百姓たちの告発状は、寂楽寺が訴訟を有利に進める材料とするために、寂楽寺の指導のもと百姓たちに書かせたものだとかつて説明されたことがある。(現在も史料集などでその説を踏襲しているものもある)。しかし、百姓申状は実際に六波羅の法廷に提出された形跡はなく、裁判の争点も百姓申状の執筆時点では異なるものになっていたことから、現在ではその説はほぼ否定されている。百姓申状は、あくまで百姓たちの主体的な判断で書かれたものなのである。そのため、近年では、この史料から一方的な被害者としての百姓の姿を読みとるべきではなく、むしろ地頭を向こうにまわして権利を主張する、彼らの能動的な姿勢を読みとるべきだと考えられるようになっている。

また内容に立ち入れば、さきに26ページに引用した問題の箇条では、地頭・湯浅氏は逃亡した百姓のぶんまで畠に麦を蒔くようにと、居残っている百姓たちに強要したうえ、それを拒んだ場合、妻たちに耳鼻削ぎを科すると恐喝している。これもあまりに理不尽な要求のように思えるが、当時の村落社会には、逃亡や死亡によって耕作者が不在となった田畠は近隣住民の責任で管理・耕作するという慣行が存在していた(このことは、それだけ地域社会に共同体的な結束が生まれていたことの証左でもある)。それを踏まえれば、逃亡百姓の畠の麦蒔きをほかの百姓に要求した地頭の発言は、それ自体は当時の慣行に準じた妥当なものだったことになる。

さらに、それを拒んだ場合、妻たちに刑罰が科せられるという発言を検討してみよう。これも当時の社会では百姓が年貢などを滞納した場合、その妻たちの身柄が差し押さえられることは一般的であった。なんの関係もない妻たちに罪がおよぶというのは、現代の感覚からすれば理不尽だが、当時の社会ではそれなりに受け入れられるものだったのである。

と、考えれば、これまで必要以上に地頭の暴力性を物語る史料として教育現場で活用されてきた「阿氏河荘百姓申状」だが、そこで展開している事態はさほど過激なものではなかった、ということになる。「貧窮問答歌」や「慶安の触書」同様、「阿氏河荘百姓申状」についても、これまでの理解は、民衆の被害者としての側面だけを過度に強調してきたといわざるをえないだろう。

ただ、そうはいっても、腑《ふ》に落ちない点は残る。かりに百姓の罪をその妻がかぶるのが一般的であったとしても、耳鼻削ぎはひどすぎないか? たんに身柄を差し押さえられるのと、耳・鼻を削がれるのでは話がちがう。おそらくこの史料が教育現場で多くの生徒たちに強い印象を残したのも、この「ミミヲキリ、ハナヲソギ」の一節があるがゆえではないだろうか？　この一節さえなければ、この史料はこれほど有名な史料とはなりえなかっただろう。だとしたら、やはりこの耳鼻削ぎの異常性・猟奇性についても、正当な説明をあたえないかぎり、安易に地頭の言動を擁護することはできないだろう。

現に、このような猟奇的な発言をする地頭はほかに確認されないことから、これを湯浅氏特有の暴虐性とみる見解も、かつて研究者から表明されたことがあった。

じつは湯浅一族から出た有名な鎌倉前期の僧侶に明恵《みようえ》（一一七三～一二三二）がいる。栂尾高山寺《とがのおこうざんじ》をひらき、華厳宗《けごんしゆう》中興の祖として知られている人物であるが、彼は修行時代に精神修養のため自らの片耳を切り落としたという過去をもつ。そのため、湯浅氏が阿氏河荘の百姓たちに対して耳鼻削ぎを科そうとしたのは、そうした一族のエピソードを踏まえ、聞き分けのない「百姓の妻子にも明恵の遺徳を追体験させるために、このような言動におよんだのではないか」というのだ。しかし、以下の本書に掲げる史料から、耳鼻削ぎは湯浅氏にかぎった刑罰ではないことは明らかであり、さすがにこの説は成り立たない。

次節では、この湯浅氏の発言の意味を考えるためにも、中世社会において行われていた耳鼻削ぎ刑の事例を集められるかぎり集めて、分析を加えてみることにしよう。中世のさまざまな史料のなかから「耳鼻削ぎ」に関する情報ばかりを集めてみると、そこからは私たちの常識を覆す意外な事実が明らかになる。

二　耳鼻削ぎは誰のための刑罰か?

宣教師フロイスの誤解

刑罰として耳鼻削ぎが科せられるという実例は、中世史料をざっとながめてみても、さほど多くはない。現に戦国時代に日本に来た宣教師ルイス・フロイス(一五三二～九七)は、次のような文章を残している。

われらにおいては監獄があり、獄吏《ごくり》、執行人、捕吏《ほり》がいる。日本人のもとにはそれらの人がいないし、笞刑《ちけい》、耳削刑、絞首刑もおこなわれない。

(『フロイスの日本覚書』、松田毅一、E・ヨリッセン訳)

つまり、中世日本社会では、警察機構が未熟で拘禁刑や肉刑などは行われていない、というのだ。とはいえ、実際には当時の日本社会にも監獄は存在していたし、獄吏も捕吏も存在していた。そして、もちろん耳鼻削ぎ刑も実在している。しかし、日本中世の荘園での刑罰は、一般に犯罪によって生じたケガレを除去することに重点がおかれ、犯人を処刑したり拘禁したりするよりも、犯人を領域から追放することのほうに刑罰の主眼があったことは事実である。また、当時の社会では、犯人の逮捕や処刑は当事者たちの自力救済に委ねられていたから、現代社会と比べても警吏にあたる存在の治安維持に果たす役割は軽かったことも事実である。おそらくフロイスは、そうした実状をもとに、日本社会では拘禁刑や肉刑が存在しないと誤認してしまったのだろう。いずれにしても、ここから耳鼻削ぎ刑は、当時の社会にあって外国人の目にはとまらないていどの希《まれ》な刑罰であったことがうかがえる。

その点を確認したうえで、では、いったい当時の社会で耳鼻削ぎ刑は、どのような刑罰と認識されていたのだろうか？　以下、私が見つけたかぎりの、文学作品なども含む一〇件の耳鼻削ぎ刑の事例を逐一紹介していこう。かなり煩瑣な紹介になるが、その後の説明にも大きくかかわるので、ここはしばらく我慢してお付き合いいただきたい。

《事例1》妻に対する夫の制裁

まず、私が知るかぎり、刑罰としての耳鼻削ぎにかかわる最も古い史料は、平安後期（一一世紀末〜一二世紀初）に成立したとされる歴史物語『大鏡《おおかがみ》』の一節である。『大鏡』

は、大宅世継《おおやけのよつぎ》と夏山繁樹《なつやまのしげき》という二人の老人の昔語りという形式で、九世紀後半から一一世紀前半にかけての宮廷史が叙述される歴史文学である。そのなかの藤原道雅《みちまさ》の妻が夫を捨てて藤原義忠《のりただ》の妻になったというくだり（「内大臣道隆《みちたか》伝」）で、鼻削ぎの話題が出てくる。夫を捨てて他人の妻になった道雅の妻に対して、語り手の大宅世継は怒りをぶちまけ、「あはれ、翁らがわらはべの、さように侍《はべ》らましかば、白髪をも剃り、鼻をもかき落としはべなまし」と語っているのだ。つまり、「あぁ、もしこれが私の妻だったならば、白髪を剃って尼にして、鼻も削ぎ落してやるのに！」というわけだ。世継は、自分なら不貞をはたらいた妻に対しては制裁として鼻削ぎも辞さないと、とても物騒な発言をしているのである。この発言内容は、阿氏河荘の地頭・湯浅氏の恫喝と瓜二つである。

もちろん大宅世継は架空の人物であり、『大鏡』は文学作品であるから、これをそのまま実際に耳鼻削ぎ刑が行われた史料とみなすことはできない。ただ、ここに一一世紀末〜一二世紀前半当時の社会の一般通念が反映されていたと考える余地はあるだろう（文学作品を史料として扱うときの方法論は、第三章で詳述する）。とりあえず、ここでは文脈上、不貞を犯した妻に対する夫の私的制裁の一つとして鼻削ぎがあげられていることを確認しておきたい。

《事例2》下女に対する主人の制裁（1）

歴史上の有名人のなかで耳鼻削ぎを行った人物としては、安土桃山〜江戸初期の武将・細川忠興《ただおき》（一五六三〜一六四五）がいる（忠興の妻は悲劇の女性・細川ガラシャである）。宣教師のオルガンティーノは、一五八八年に九州にいる宣教師たちに宛てた手紙のなかで、この細川忠興について「彼の息子の一人を育てていました乳母はキリシタンでしたが、彼は同女のごく些細な過ちに対して、その鼻と耳を殺《そ》いだ上に、追い出すようにと命じました」と記述して、その「残酷で悪辣《あくらつ》な異教徒」ぶりを報じている。ここでは、その量刑が妥当なものであったかどうかはともかく、耳鼻削ぎが家中の下女（乳母）に対する主人の制裁として実施されている。

なお、この手紙は、ルイス・フロイスの『日本史』第二部一一〇章にも引用されているが、さきに『日本覚書』で「日本に耳削ぎ刑はない」と書いたフロイスも、この報告にふれて、きっと遅まきながら日本にも耳削ぎ刑があったことを思い知ったにちがいない。

《事例3》下女に対する主人の制裁（2）

同じく下女に対する主人の制裁としての耳鼻削ぎ刑は、室町時代（一五世紀末）の「御伽草子《おとぎぞうし》」の一つ、『鴉鷺《あろ》物語』にも見える。この物語はカラスとサギを擬人化した合戦物語で、京都の祇園林に住むカラスの真玄《しんげん》が、中賀茂森《なかがもも》のサギの山城守の姫に求愛するも、それが果たせなかったために、仲間を集めて山城守一族相手に合戦におよぶという、一見すると荒唐無稽なストーリーである。

その物語のはじめ、山城守の姫に求愛した真玄は、姫の下女である「千鳥」を通じて恋文を届けている。しかし、そのことを知った山城守は激怒し、家中に恋文の仲介者の糾明を命じることになる。これを知った「千鳥」は、真玄の恋文仲介の依頼を次のように言って断っている。

「そのことなんですが、恋文が届けられていることが山城守様のお耳に入ってしまったので、殿様は『家中の者が知らないはずはあるまい。仲介者を糾明して処罰せよ』とおっしゃっています。このままでは、きっと私は『耳よ鼻よ』という『憂き目』に遭うにちがいありません。今後は何事もお取り次ぎすることはご勘弁ください」

つまり、「千鳥」は恋文の仲介がばれると、「耳よ鼻よ」という「憂き目」に遭うとして、以後の取り次ぎを拒んでいるのである。この「耳よ鼻よ」という「憂き目」が、耳鼻削ぎ刑をさしていることは明らかだろう。文学作品ではあるが、ここでも耳鼻削ぎ刑は下女に対する主人の制裁として想定されている。

《事例4》村落の刑罰

次は、室町時代の村落の情景である。京都郊外の山科東荘《やましなひがしのしょう》は荘民たちが自治的な結束をもち、ときに徳政一揆《とくせいいっき》の基盤ともなった地域として知られている。この荘園の出来事は、荘園領主・山科家の代官として、ここに駐在していた大沢氏が記した日記、『山科家礼記《やましなけらいき》』によって知ることができる。

その日記によれば、長享《ちょうきょう》三年（一四八九）七月のある夜、この荘園で畠の大角豆《ささげ》（マメ科の作物）が盗まれるという事件が発生する。犯人は村娘であったが、娘は大沢の配下の男に犯行を目撃されてしまい、現行犯で捕縛されてしまう。当時、村レベルの法では、盗みは死刑になってもおかしくない大罪である。しかし、大沢は犯人が娘であることに免じて、娘の身柄を村人に預け、その処罰を村人に一任することにする。すると翌日、村人たちはこの娘の「はなをそぐ」ことを決定するが、その直後、荘園内の僧侶たちの嘆願もあって、けっきょく処罰は二転三転のすえ軽減され、娘はただの追放処分とされることに決まる。

ここでは実施こそされなかったものの、荘園領主の刑罰とは別次元の村落独自の刑罰として、耳鼻削ぎ刑が採用されようとしている。

《事例5》荘園領主の刑罰(1)

次は、大和国《やまと》(現在の奈良県)の荘園で行われた刑罰である。文明《ぶんめい》一八年(一四八六)正月、大和国一帯の荘園を支配する興福寺《こうふくじ》の「衆中《しゅうちゅう》」(警察権の執行機関)が、国内の盗人の家々を摘発にかかった。その日は二~三軒の家々が摘発されたが、このうち一軒は「女盗人」が「寄宿」していた家だったという。そこで、この家にいた「女盗人」に対しては、その耳鼻を削ぐ処罰を行っている。この「女盗人」は、「四歳の子持ちの女人」であり、「もってのほかの悪行人」であったという。当時、「女盗人」は珍しかったので、この事件を日記『大乗院寺社雑事記《だいじょういんじしゃぞうじき》』に書いた僧・尋尊《じんそん》も、「末代の事なり」と慨嘆している。

《事例6》荘園領主の刑罰(2)

同じ大和国の薬師寺《やくしじ》の荘園でも耳鼻削ぎは行われている(『薬師寺中下臈検断之引付《ちゅうげろうけんだんのひきつけ》』〔『奈良国立文化財研究所学報 二二 研究論集Ⅱ』所収〕)。享禄《きょうろく》四年(一五三一)七月、薬師寺の印禅《いんぜん》という僧が、同じ寺の仙賢《せんけん》という僧を殺害するという事件が起きている。当初、その動機は不明であったが、取り調べの過程で印禅がかねて寺内に女性を招き入れていたということが発覚した。そこで、寺内で印禅を水責めの拷問にかけたところ、印禅と関係のあった女性に仙賢が手を出したという、痴情のもつれがこのたびの殺害事件の原因であることがわかった。そこで、薬師寺の執行機関では処罰内容が審議され、すべての原因をつくった問題の女性を斬首に処するということで、いったん話がまとまる。本来、寺院や荘園では死刑は忌むべきものだったが、戦国時代ともなると、社会の風潮にあわせて寺院や荘園でも死刑が率先して執行されるようになっていた。ところが、この事件を聞きつけた近隣の唐招提寺《とうしょうだいじ》の老僧二人が割って入る。彼らは薬師寺北門まで乗り込んできて、問題の女性の助命を願い出たのである。その結果、彼女の命は助けられ、そのかわりに頭髪の半分を剃り落とし、鼻を削いで領内から追放（「片頭を剃り、鼻をそぎ追放」）という処分に決まる。

《事例7》荘園領主の刑罰（3）

天文《てんぶん》二四年（一五五五）六月、同じく薬師寺の、八幡宮のお籠《こも》りをするための建物で白昼に盗難事件が起こる。お籠りでの宿泊用品である蚊帳《かや》などが盗まれたのだが、ここでも捕らえられた犯人は女性だった。そこでこんども薬師寺はこの女性を斬首にしようと決定するのだが、やはりさきのエピソード同様、唐招提寺の老僧が助命嘆願に現れる。けっきょく、このときも犯人は「鼻耳成敗」、つまり耳鼻削ぎということになり、命は助けられている（『薬師寺中下臈検断之引付』）。

なお、このときは、処罰決定後に女を捕縛した者に対して、薬師寺から賞金五〇疋《ぴき》（＝五〇〇文。現在の価値で約五〜一〇万円）が下されている。また、「宿《しゅく》」に対して「刀代」として二〇疋（＝二〇〇文、現在の価値で約二〜四万円）が下されている。「宿」とは薬師寺近辺の被差別民集落のことで、「刀代」とは「刀」を使って刑の執行をした手間賃のことである。つまり、「宿」に「刀代」が下されたということは、このとき犯人の身柄は「宿」へ下げ渡され、耳鼻削ぎはその「宿」の者たちによって執行されたということを意味しているのだろう。

《事例8》鎌倉幕府の刑罰

源頼朝《みなもとのよりとも》（一一四七〜九九）も、耳鼻削ぎを行おうとした一人である。奥州藤原氏を滅ぼした頼朝は、平泉で皇胤《こういん》（天皇の子孫）であると自称する女を捕らえる。栄華をきわめた平泉には、当時は実際に都から多くの皇族や公家が移り住んでいたらしい。そこで、さすがの頼朝といえども、皇女をむげに扱うことはできず、そのまま彼女を京都へ護送し、後白河《ごしらかわ》法皇（一一二七〜九二）にその処遇を委ねることになる。それに対し、後白河は「彼女が皇女であるというのは事実無根である」という書状を頼朝のもとに返す。これをうけて、建久《けんきゅう》元年（一一九〇）六月、頼朝が後白河に送った返書の内容は、次のようなものだった（『吾妻鏡《あづまかがみ》』）。

宮様だと称する狂人のことは、事情はわかりました。最初から信じがたいこととは思っていましたが、いちおう真相を確認しておこうと思ったところ、また身柄をお返しになるとのこと。承知いたしました。ご判断に従い、鎌倉に連れ戻して処刑するということもできますが、今年は（改元が行われた年で幸先《さいさき》が悪いので）死刑をするわけにもいきません。そちらのご判断で、面顔に傷でもつけて追放されてはどうでしょう。そうでなければ、佐々木経高は阿波《あわ》国（現在の徳島県）に住んでおりますが、その者に身柄を預けてはどうでしょう。鎌倉に送り返せというご判断を覆すのは畏《おそ》れ多いので、このように申し上げる次第です。

頼朝は、事実関係が確認できれば、べつに女の身柄に興味はなかったので、京都でいかようにでも処分してくれという意向だった。そこで、彼は後白河に対して、彼女の「面顔」に傷でもつけて追放にしてはどうかという提案を行っている。ここでは、とくに耳鼻削ぎという言葉は使われていないが、おそらくここでの処罰は耳鼻削ぎをさすものと思われる。その後、彼女の処罰がどうなったのかは気になるところだが、残念ながら史料がないのでわからない。

《事例9》室町幕府の刑罰

また、室町幕府においても耳鼻削ぎの事例は確認できる。当時、室町将軍がなんらかの裁許を下すさいには、配下の奉行人たちに諮問を行って、その答申を踏まえるという手続きがしばしばとられていた。このとき奉行人たちが将軍に提出する答申書のことを意見状といったが、その意見状のなかに天文一八年（一五四九）五月に馬場八郎という男とその妻に対する処罰について書かれたものが現存する（『中世法制史料集　第二巻』参考三二八）。それによれば、当初、「重科」を犯した馬場八郎に対しては「鋸《のこぎり》引き」（首を鋸で切る残虐な処刑法）や妻女への「拷問」も検討されていたらしい。しかし、これに対して奉行人たちは「重科であるといっても、見せしめで都大路を引き回して処刑する以外、鋸引きなどという処罰は先例がない」として鋸引きに反対し、妻女に対しても「馬場八郎の罪が明らかな以上、わざわざ拷問にはおよばず、鼻を削いで都大路を引き回すぐらいでいいだろう」という提案を行っている。この頃、奉行人意見状の内容は将軍の判断を制約し、事実上の判決文としての機能を果たしていたから、実際にこの妻女に対しても鼻削ぎが行われた可能性は高いだろう。

《事例10》禁裏（戦国時代の朝廷）の刑罰

さて、いろいろ紹介したが、最後にあげるのは、戦国時代の朝廷内での刑罰としての耳鼻削ぎである。天文二三年（一五五四）一一月、禁裏《きんり》（内裏《だいり》）の内侍所《ないしどころ》（三種の神器を安置する建物）に盗人が入り、阿子《あこ》という女房に嫌疑がかけられた。彼女は犯行当夜に宿下がりをしており、それが不審だということで取り調べの対象となったのだった。

数日後、阿子の家から案の定「小袖《こそで》七・帷《かたびら》四以下、以上二十九種」の盗品が発見され、彼女自身も罪を認め、その犯行が確定した。このとき朝廷内部では彼女を「鼻そぐべき」と判断し、彼女の身柄は禁中から引き出されることになった（禁中ではケガレを忌避するため処刑や肉刑はできない）。しかし、その途中の道で行き合った知恩寺の長老が慈悲の念から彼女の罪の軽減を求めたため、彼女の身柄は長老に託されることになり、けっきょく鼻削ぎは免じられることとなった（『言継卿記《ときつぐきょうき》』）。

中世社会に浸透していた、女性の刑罰としての耳鼻削ぎ

さて、こまごまと紹介してきたが、ここまでの事例をながめてみて、読者は中世の耳鼻削ぎ刑に共通する、ある特徴に気づかれただろうか？

そう。じつは、ここまで紹介した事例で、耳鼻削ぎ刑に処された、あるいは処されそうになったのは、すべて女性なのである。中世社会で耳鼻削ぎ刑は、次章で述べるような一部の例外を除いて、ほとんどが女性に科せられたものだったのである。そう考えて、

あらためて本章の冒頭で紹介した有名な「阿氏河荘百姓申状」を読みなおしてみよう。

問題の中状のなかで、地頭・湯浅氏は次のような発言をしている。「ヲレラカコノ麦蒔《ま》カヌモノナラバ、メコドモヲ追イ籠メ、耳ヲ切リ、鼻ヲ削ギ、髪ヲ切リテ、尼ニナシテ、縄絆《なわほだし》ヲ打チテ、苛《さえな》マン」。このセリフのなかで耳鼻削ぎの標的とされている「メコドモ」を「妻子共（妻や子どもたち）」と理解するか、「女子共（妻たち）」と理解するか、じつはいまだに、教科書や史料集類でも、注釈は統一されていない。しかし、よくよく史料の続きを読めばわかるように、耳を切り鼻を削がれた「メコドモ」は、それに加えて「髪を切りて尼になして」しまおうとされている。いうまでもなく、「尼」にするのは、女性に対してしか行えない行為である。ここから、私は黒田弘子氏がすでに指摘するとおり、ここに出てくる「メコドモ」は「妻や子どもたち」をさすのではなく、「妻たち」のみをさすと考えるのが正しいと思う。とすれば、この有名な阿氏河荘の事例においても、耳鼻削ぎ刑の対象とされているのは、ほかの事例同様、やはり女性であったということになる。

これは、たまたま残っている耳鼻削ぎの事例が女性に対するものばかりだった、というわけではない。たとえば、《事例6》と《事例7》は、いずれも薬師寺で捕らえられた女性が耳鼻削ぎに処されているという事例であった。ところが、天正一二年（一五八四）正月、同じ薬師寺の同じ記録のなかに、同じような状況で捕まえられた犯人が女ではなく、男だった場合の対応が記録されている。

そこでも、盗みを犯したその男の処罰は、薬師寺の僧侶たちによって斬首とされることに一度は決定している。ところが、またしても唐招提寺の長老があいだに入って「詫び言」を行い、その刑は宥免《ゆうめん》されることに。と、ここまではさきの事例とまったく同じなのだが、その後が大きく異なる。この男は斬首を赦《ゆる》されるかわりに、身柄を「宿」に下され、けっきょく「タブサ（髻《もとどり》）ヲ切リ放シ」という処罰にされているのだ。つまり、薬師寺では同じ死罪が軽減されるにしても、犯人が女だったら耳鼻削ぎで、男だったときは髻切りというように、性別によって刑罰に差異が設けられていたのである。

こうなれば、断言しよう。日本中世社会において、耳鼻削ぎは女性に対する刑罰だったのである。一般に中世社会では罪刑法定主義が未確立で、特定の罰が特定の罪に対応するということはほとんどない。ところが、これまでの事例からも明らかなように、当時の社会では耳鼻削ぎ刑だけは女性に対する刑罰という認識が浸透していたのだ。

室町中期、京都郊外の木幡《こはた》という村で、鼻を削がれた女が見ず知らずの村童を襲い、その鼻を削ぐという奇怪な事件が起きている（『碧山日録《へきざんにちろく》』応仁二年四月二一日条）。泣き叫ぶわが子の声に両親が驚き駆けつけるが、すでに女はいない。姿を消した女は村童の鼻を削ぐと、こともあろうに、その鼻を自分の鼻のかわりにして練薬《ねりぐすり》で貼りつけたのだという。むろん、他人の鼻が練薬でつこうはずもなく、けっきょく不自然な鼻が証拠となって、彼女は鼻を削がれた村童の父親に取り押さえられてしまう。父親は女から取り返した鼻をわが子に付け直そうとするが、けっきょく鼻は腐乱して落ちてしまう。父親の怒りを買った女は縛られて、あわれ生きたまま沼に沈められてしまったという。彼女がなぜ鼻を失ったのかはわからないが、このエピソードでも鼻を失ったのが女性であるというのは注目される。当時の社会では、耳や鼻を失った女性が案外たまに市中を徘徊していたのかもしれない。

これまであげた事例を振り返ってみても、女性犯罪に対する耳鼻削ぎは、①夫と妻の関係、②主人と下女の関係、③村落、④荘園、⑤在地領主（地頭）、⑥鎌倉幕府、⑦室町幕府、⑧朝廷など、日本中世のほとんどの社会集団内で採用されていたことがわかる。耳鼻削ぎ自体は希な刑罰であったが、「女性に対する刑罰は耳鼻削ぎ」という通念は、当時かなり広く浸透していたといえるだろう。

日本中世の刑罰には、明らかに性差《ジェンダー》が存在していた。ならば、阿氏河荘の地頭の耳鼻削ぎ発言も、彼らがことさらに残虐だったから、猟奇的だったから飛び出したわけではなく、とりあえずその対象が女性であったために発せられたもの、と考えるべきなのかもしれない。

では、なぜ女性は耳鼻削ぎにされるのか？　そして、そこにはどんな意味が隠されていたのか？　次章でさらに考えていくことにしよう。

第二章 「耳なし芳一」は、なぜ耳を失ったのか？

平家の亡霊に憑かれ、墓前で琵琶を弾く芳一。住職は彼の身体に経文を書くが……。『臥遊奇談』巻之二より（お茶の水女子大学附属図書館蔵）。

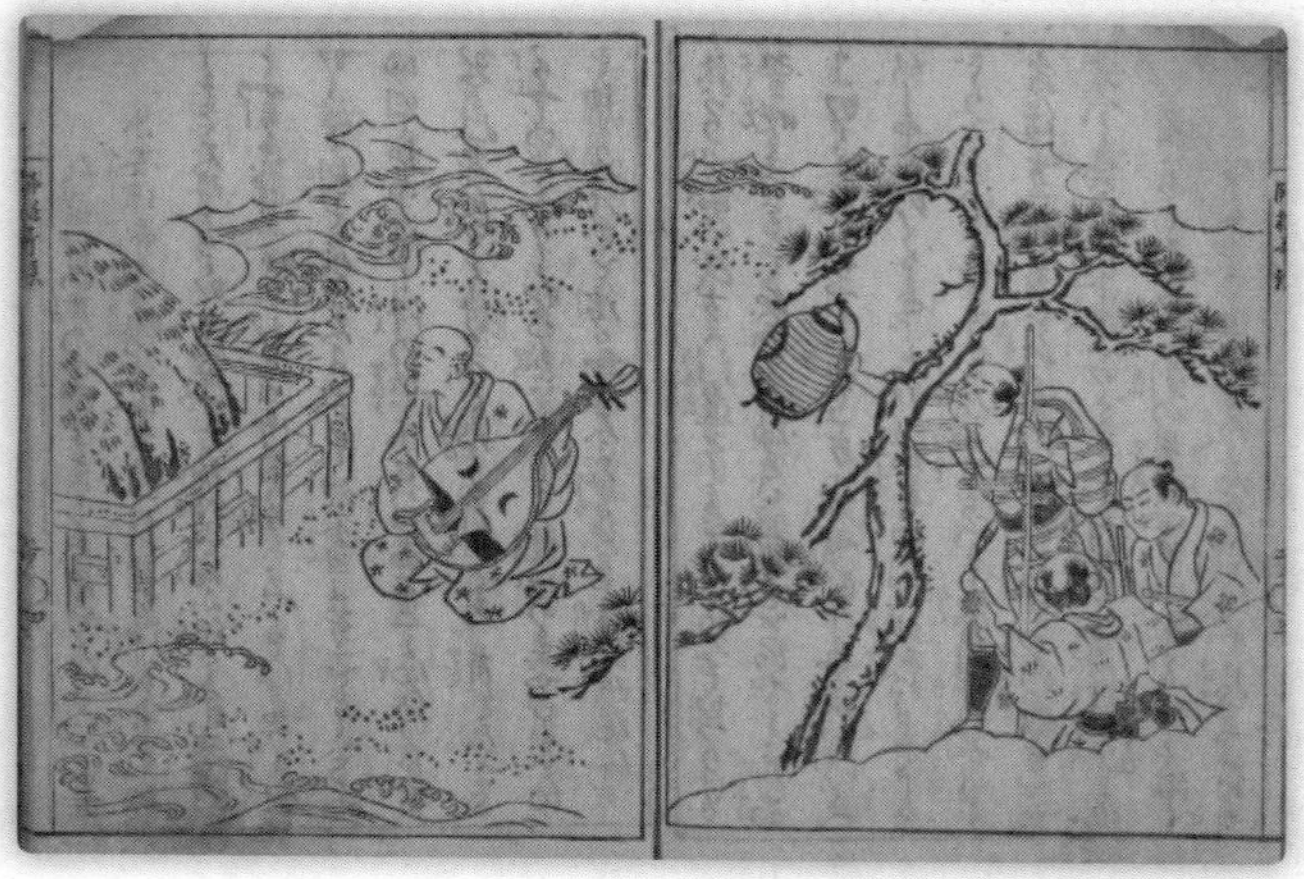

一　〝野蛮〟ではなく〝やさしい〟？

「耳なし芳一」の謎

「鬼神すらも涙をとどめえない」と称されるほどの琵琶《びわ》の名手・盲人芳一《ほういち》は、毎晩、武者の手に引かれて、さる貴人たちのまえで「平家物語」のうち壇ノ浦のくだりを演奏していた。貴人たちは芳一の琵琶に心打たれ、一様に哀哭《あいこく》の声をあげて聴き入っていたが、なぜか彼らは芳一にここへ出向いたことを他言することのないよう口止めをする。しかし、芳一の毎夜の行動を不審に思った阿弥陀寺の住職が、下男たちに芳一のあとをつけさせてみたところ、なんと、芳一は平家一党の墓のまえで一人、いくつもの鬼火に囲まれながら琵琶を弾いているではないか。芳一は怨みを残した平家の死霊たちに憑《つ》かれて、毎夜琵琶を奏でていたのである。

住職は芳一を助けるため、彼の身体中に「般若心経」を書きつけ、今夜一晩、死霊たちに語りかけられても、決して返事をしてはならぬと言い置く。はたして、死霊は芳一の部屋を訪れるが、経文を記した芳一の身体は彼らには見えず、ただ中空に両耳が浮かんでいるだけだった。しかたなく死霊はその両耳を引きちぎって、貴人たちのまえに持参するため帰ってゆく。激痛に襲われながらも芳一は決して声をあげなかったが、翌未明、住職は両耳から血をだらだら流しながらも入禅の姿勢をとる芳一の姿を発見する。住職はただ両耳にだけ経文を書くことを忘れてしまっていたのだった――。

ご存じ、明治の文豪・小泉八雲《こいずみやくも》（一八五〇～一九〇四）の小説『怪談』のうち「耳無芳一の話」である。本作は一九〇四年に刊行されたものだが、もとはギリシア生まれのイギリス人であった八雲（ラフカディオ・ハーン）が日本人妻の節子から聞いた民話や伝説をもとに再構成したものだった。本作の原話は、一夕散人《いつせきさんじん》『臥遊奇談《がゆうきだん》』巻二（一七八二年刊行）のうち「琵琶秘曲泣幽霊《びわのひきょくゆうれいをなかしむ》」とされているが、類話は日本各地に多く、寛文《かんぶん》三年（一六六三）刊行の『曽呂利物語《そろりものがたり》』にも似た話がみえる。つまり、この「耳なし芳一」の話は決して近代文学者の創作によるものではなく、少なくとも原話は近世前期にまで遡《さかのぼ》りうるものだったのである。

さて、ここで考えておきたいのは、なぜ芳一は耳を失ってしまったのか、という問題である。もちろん、小説を最後まで読めば、阿弥陀寺の住職が納所《なつしょ》（寺の出納事務係）に両耳にも経文を書いておくようにと言いつけながらも確認を怠ってしまったのが原因であることは、容易に理解できる。しかし、僧侶や盲人が「耳を失う」ということには、もっと別に、中世以来の象徴的な意味合いがついてまわっていたようだ。そこがわからなければ、私たちは本当の意味で、この著名な文学「耳なし芳一」を理解したことにはならないのかもしれない。

芥川龍之介の「鼻」

「耳」を題材にした近代文学の代表例が「耳なし芳一」だとすれば、「鼻」を扱った近代文学の代表例は、その名もずばり、芥川龍之介（一八九二〜一九二七）の「鼻」だろう（一九一六年発表）。平安時代、鼻が異常に長かった禅智内供《ぜんちないぐ》という僧侶をめぐる悲喜劇で、芥川の代表作の一つとして、広く世に知られている。

小説は、長い鼻をコンプレックスにしていた主人公がある秘法によって鼻を小さくすることに成功するも、それがかえって人の嘲笑を生む結果となってしまい、主人公は逆に鼻が短くなったことを恨めしく思うようになる、というストーリーである。この話の原話は、一二世紀前半に成立した説話集『今昔物語集《こんじやくものがたりしゆう》』巻二八ノ二〇の「池尾禅珍内供鼻語」と、一三世紀前半に成立した説話集『宇治拾遺物語《うじしゆういものがたり》』巻二ノ七の「鼻長き僧の事」である。二つの説話集の内容はほぼ同じであり、芥川の作品では「禅智内供」とされた主人公の名前が、原話では「禅珍内供《ぜんちんないぐ》」となっている。以下、その内容を要約しよう。

禅珍内供の鼻は大きいだけでなく、かなりの特異体質だったらしく、定期的にむずがゆくなり、そのつど湯で鼻を蒸らして、人に踏みつけてもらうということを繰り返していた。そうすると鼻のかゆさはなくなり、一時は鼻も小さくなった。ところが二、三日すると、また鼻は元の大きさに膨れて戻ってしまう。おかげで、おおむね内供の鼻は大きいままの状態だった。

鼻が長いため板きれで誰かに支えてもらわないと満足に食事もできなかった内供は、そのときも一人の童子に板きれで鼻を支えてもらって粥《かゆ》を食べていた。ところが、食事の途中、童子はくしゃみをした拍子に板から鼻を落としてしまう。おかげで粥のなかにドボンと鼻は落ちて、内供の顔は粥まみれになってしまう。怒った内供は「わしだからいいようなものの、これが偉いお方だったら、どうする気だ!」と童子を叱りつける。いっぽう、童子は童子で、陰で「世の中にそんなに大きな鼻をした者がほかにおるなら、私がもたげにいってあげますよ」とうそぶき、ほかの弟子たちの爆笑を誘う、というお話である。

芥川の小説をご存じの方にはおわかりのとおり、小説「鼻」はこの話をもとにしつつも、前半と後半を入れ替えて、前半の話をより拡大させ、内供が鼻を小さくするために奮闘する話として再構成されている。しかし、この原話についても、なぜ「鼻」なのだろうか? もちろん、実際に禅珍内供という鼻の大きな僧侶がいたから、この話は説話集に採録されたのだろうが、ほかにも同時代にさまざまな身体の部位の奇形をもった人物はいたはずである。しかし、そうした話は採録されず、どうして鼻の大きな僧侶の話ばかりが取り上げられ、かくも有名になったのだろうか？　ひょっとしたら、「耳なし芳一」と同様に、ここにも「鼻」と「僧侶」をめぐる深いつながりが隠されているのではないだろうか？

本章では、この「耳なし芳一」や、禅珍内供の「鼻」の話の謎を解くために、中世社会において耳鼻削《そ》ぎがもっていた象徴的な意味について考えてみることにしたい。

義経、大暴れ

源平の合戦で大活躍した源義経《みなもとのよしつね》（一一五九～八九）については、その悲劇的な死もあって、死後に「判官《ほうがん》びいき」の風潮のなかで国民的ヒーローとして、史実を離れてキャラクターが独り歩きをはじめる。とりわけ、その後の義経のヒーロー化に大きな役割を果たしたのが、室町時代に創作された物語『義経記《ぎけいき》』である。『義経記』のなかで、義経は〝悲劇の人〟というよりは、むやみやたらに強いスーパーマンとして描かれている。その義経の活躍を描く場面のなかで、耳鼻削ぎの話題が登場する（巻六「判官南都へ忍び御出ある事」）。

所は奈良。頼朝の追っ手を逃れ、義経は勧修坊《かんしゅうぼう》という僧のもとへ身を寄せていた。そこに「奈良法師」（興福寺僧《こうふくじ》）の但馬阿闍梨《たじまあじゃり》という悪僧が、仲間五人と襲撃を企てる。彼らは夜道で人を襲っては太刀を巻き上げる乱暴者集団だったが、ついに義経の太刀に目をつけ、身の程知らずにも義経に因縁をふっかけようとしたのだった。六人は最初それぞれ築地塀《ついじべい》の陰のほの暗いところに隠れていたが、但馬阿闍梨が義経を見つけ、太刀の鞘に鎧の草摺《くさずり》（大腿部を守る付属品）を打ちつけて、「ここにいる男を討て！」と叫ぶと、それを合図にそれぞれが走り出てくる。このとき、走り出してきた仲間たちのまえで、リーダー格の但馬阿闍梨はこう言った。

「如何《いか》なる痴者《しれもの》ぞ。仏法興隆のところに度々慮外《りょがい》して罪作るこそ心得ね。命な殺しそ。侍ならば髻《もとどり》を切って寺中を追へ。凡下《ぼんげ》ならば耳鼻を削《けず》りて追出せ」

これを現代語訳すれば、以下のようになる。

「なんというバカものだ！　おまえら、この仏法興隆の地でまた思いちがいをして罪を犯すなよ。命は奪うな。侍ならば髻を切って寺のなかから追い出せ！　一般人ならば耳鼻を削《そ》いで追い出せ！」

つまり、但馬阿闍梨の言によれば、本来ならば義経は命がないところなのだが、ここ奈良は「仏法興隆のところ」なので、命は助けて髻切りか、耳鼻削ぎで赦《ゆる》してやる、というのだ。とくに配下の者たちに対して「度々慮外して（また思いちがいをして）」という言い回しをしているところがミソである。ここでは、配下の者たちが「仏法興隆のところ」であるにもかかわらず、過去に何度か自制心を失って人を殺《あや》めたことがあると匂わされている。「おとなしくしてりゃあ、今日のところは命は助けてやるが、うちの若いもんは何をするかわからねえ連中だぞ」というわけである。

ただ、喧嘩《けんか》のなかの脅し文句とはいえ、ここでの発言は興味深い内容をもっている。髻とは、髪を頭頂部で束ねている部分。ここを切られると髪がまとまらなくなってしまい、はなはだカッコ悪い姿になってしまうが、のちにくわしく述べるように、当時、髻を失うということは「人でなくなる」のと同義で、「カッコ悪い」どころか「死」に準ずるほどの屈辱だった。この発言のなかで耳鼻削ぎは、その髻切りとならんで、本来なら殺害されるはずの者に対して、そのかわりに罪を減じて命を助けてやる措置として提示されているのである。

さて、この喧嘩の勝敗はどうなったのか？　当然ながら、天下無双の武芸者である義経のまえに、但馬阿闍梨の一党はひとたまりもなかった。義経は彼らの繰り出す薙刀《なぎなた》を四つに斬り刻んだかと思うと、あっという間に五人を打ち倒してしまう。そして、一人

襲ってくる５人の奈良法師どもをたやすく斬って捨てた義経に対し、但馬阿闍梨が命乞いをする。『義経記』巻六より（寛永12年〔1635〕刊。国立国会図書館蔵）。

残った但馬阿闍梨も泡を吹いて逃げ去るが、それもやがて義経に追い詰められてしまう。上の図は、『義経記』に載っている、そのときの場面を描いた挿絵である。ちょっとユーモラスな絵だが、首や足を斬られている配下の者たちの死体のまえで義経に命乞いをしている但馬阿闍梨が描かれている。「命は惜しいか」と問う義経に、但馬阿闍梨はさっきまでの威勢はなく、ただ怯えながら「生をうけた者で命が惜しくない者がいましょうか……」と答える無様さ。これに対して、義経は次のように言う。

「首を切って捨てばやと思へども、汝は法師なり。某《それがし》は俗なり。俗の身として僧を切らん事、仏を害し奉るに似たれば、汝をば助くるなり」

「殺してしまおうかとも思ったが、但馬阿闍梨はいちおう僧侶であり、自分は俗人である。俗人の身で僧侶を殺めるのは仏を殺めるのと同じことだから、助けてやろう」と言って、義経は但馬阿闍梨を助けることにする。しかし、但馬阿闍梨に「以後二度とこのようなまねをするなよ」と諭した後、義経は「明日以降、奈良で源九郎《くろう》義経と戦ったと言えば、さては勇気ある者よと褒め称えられるだろう」と告げる。そして「その証拠はどこにあると人から聞かれたとき、何もないというのでは信じてもらえないだろうから、これを証拠にせよ」と言って、義経は但馬阿闍梨を仰向けにひっくり返し、胸を踏んで刀を抜くと、その耳と鼻を削ぎ取ってしまったという。

　さきほどは但馬阿闍梨の言葉で「命を助けるかわりに耳鼻削ぎ」という言説が述べられていたが、こんどは逆に義経が但馬阿闍梨の命を助けるかわりに、実際に彼を耳鼻削ぎに処している。この一連のエピソードのなかで耳鼻削ぎは、やはり本来なら殺害されるべきところを特別にその罪を免じてやった者に対する代替的な刑罰、いわば宥免刑《ゆうめんけい》、人命救済措置として位置づけられていることがわかる。

耳鼻削ぎの〝やさしさ〟

この『義経記』のエピソードを念頭において、前章で紹介した実際の耳鼻削ぎのエピソードのいくつかを思い出してみよう。たとえば、《事例６》と《事例７》は同じ薬師《やくし》寺《じ》での出来事だったが、そこでは本来は死刑にされるはずだった女性が、いずれも唐招提寺《とうしょうだいじ》の老僧の仲介により命を助けられ、「鼻をそぎ追放」や「鼻耳成敗」に処されている。ここでも耳鼻削ぎは、たしかに本来なら処刑されるべき者に対する宥免措置としての意味で行われている。『義経記』に書かれた話自体はフィクションではあるが、そのなかでの但馬阿闍梨や義経の発言は、そうした当時の社会の通念をしっかりと踏まえて創作されていたのである。

ちなみに、豊臣秀吉は、朝鮮出兵において大規模な朝鮮人の鼻削ぎを行っている。詳細については次章で述べるが、この場合は人命救済措置というよりも、当時の史料にも「首代《かわり》の鼻」と書かれているように、あくまで首級《しゅきゅう》のかわり、敵を討ち取った証拠としての鼻削ぎであった。しかし、この秀吉の朝鮮半島での鼻削ぎについて語った後世の日本側の記録のなかには、「朝鮮人の命は助けて鼻を削ぐだけにとどめよ」という秀吉の温情あふれる命令によって鼻削ぎが行われた、と記すものが複数存在する（『陰徳太平《いんとくたいへい》記《き》』巻第七九、『吉川家史臣略記《きつかわけししんりやつき》』）。こうした命令が秀吉から発せられたことはなく、これはまったく事実に反する内容なのだが、こうした噂が流れる背景には、それだけ当時の人々に鼻削ぎというものが宥免措置、ぎりぎりの人命救済措置であるという認識が広く行き渡っていたことを示すといえるだろう。

とはいえ、読者の方々のなかには、「耳や鼻を削がれるぐらいなら、殺されたほうがましだ」と思う人もいるかもしれない。耳鼻を奪われて生きるなんて、つらすぎる。それならいっそ死んだほうがいい、と。しかし、思うに、それは生死の選択の局面に立たされたことのない現代人が抱く贅沢《ぜいたく》な発想なのだろう。

時代も国も異なるが、かつて古代中国にも耳鼻削ぎ刑は存在していた。ところが、それは、前漢の文帝《ぶんてい》の時代（紀元前一六七年）に原則的に廃止されることになる。ひとたび耳鼻削ぎが実行されれば、その者が過ちを改め自らを新たにしようと心がけても、失った耳や鼻は戻らない、耳鼻削ぎは非教育的な刑罰である、というのが廃止の理由だった（『史記《しき》』孝文本紀一三年五月条など）。ところが、その後の中国の歴史のなかでは、事あるごとに耳鼻削ぎ刑の復活を求める議論が再燃する。耳鼻削ぎ刑復活論者の意見は多岐にわたるが、そのなかでしばしば唱えられていたのが、次のような主張だった。

耳鼻削ぎ刑がないことで、犯罪に対する処罰として、死刑と労役刑の中間にあたる刑罰がなくなってしまっている。中ランクの犯罪に対して死刑では重すぎるし、労役刑では軽すぎる。

つまり、耳鼻削ぎ刑復活論者はいたずらに残虐な刑罰を復活させようとしていたのではなく、むしろ中間的な刑罰が欠如していることで、刑の偏重・偏軽が起こっているとして、刑罰の適正化を図ろうとしていたのである。現在の日本でも死刑の存廃をめぐって、しばしば死刑と無期懲役刑の隔たりの大きさが問題にされるが、なにやらそれと似たような議論である。古代中国の人々や日本中世の人々は、そのあいだの「現実的」な選択肢として耳鼻削ぎ刑を位置づけていたのである。

もちろん、当時の人たちも耳鼻削ぎにされるのは嫌だったにちがいない。だが、正当な理由、不当な理由を問わず〈殺し／殺される〉ことが日常的だった当時の社会においては、〈殺し／殺される〉ことに比べれば耳鼻削ぎのほうがましだ、という切実な感覚が人々のなかにあったのではないだろうか？　良い悪いの問題ではなく、日本中世社会は〈殺し／殺される〉一歩手前の措置が現実的に用意されていて、それが次善の選択肢として一般に受け入れられていた社会だったのである。

二　女の罪をどう考えるか？

戦場での「女装」

では、宥免刑としての性格をもっていた耳鼻削ぎは、日本中世においては、なぜ多く女性に科せられたのだろうか？　そこには、もう一つ、中世社会において女性の殺害を忌む通念があったことが影響しているようだ。次に、その問題を考えてみよう。

たとえば、中世にはたびたび戦乱が起きるが、それらの合戦記録を読んでいると、敗軍の将が「女装」して戦地を離脱するというシーンがよく描かれている。

古くは平安時代、平維茂《これもち》が藤原諸任《もろとう》と合戦したとき。奇襲をうけ「戦ふとも益あらじ」と悟った維茂は服を脱ぎ、「女人の着たる襖《あお》といふ、ありたる衣」を着て、「髪を乱して、下女の様を造りて」、太刀だけを懐に抱いて、煙の中をかき分けて脱出している。この話は『今昔物語集』巻第二五ノ五に見えるものだが、その後、命を長らえた維茂は諸任の館に攻撃をかけ、復讐を果たす。そのさい維茂は、実際に自分でも「およそ女をば、上下、手な懸けそ」（決して身分を問わず女には手出しするな）という指示を出し、敵である諸任の妻や侍女たちを見逃している。

また戦乱が長く続いた南北朝時代においても、「女装」による逃走は一般的なものだった。貞和《じょうわ》五年（一三四九）八月、高師直《こうのもろなお》（？～一三五一）に命を狙われた足利直義《ただよし》（一三〇七～五二）は「女の姿ニヤツシ、衣打ちカヅキ」して、兄・尊氏《たかうじ》（一三〇五～五八）の御所に逃げ込んでいる（『山田聖栄自記《やまだしょうえいじき》』）。また文和《ぶんな》二年（一三五三）六月、山名時氏《ときうじ》の裏切りにより南朝側によって京都を追われた足利義詮《よしあきら》（一三三〇～六七）は、後光厳《ごこうごん》天皇（一三三八～七四）を「女ノ形」にして馬に乗せ、ともに美濃《みの》へ落ち延びている（『源《げん》威集《いしゅう》』）。そして延文《えんぶん》五年（一三六〇）七月には、こんどは、その義詮が女装することになる。このとき、仁木《にっき》義長《よしなが》（？～一三七六）が義詮を拉致して謀反を企てるが、佐々木導誉《どうよ》（一二九六～一三七三）は義詮に気の利いた近習一人をつけて「女房の体」で逃がすことで、その企みを打ち砕いている（『太平記』巻第三五）。

さらに室町時代になっても、「女装」による逃走は数多く確認できる。嘉吉《かきつ》元年（一四四一）七月、畠山持永《もちなが》（？～一四四一？）は後ろ盾であった将軍・足利義教《よしのり》（一三九四～一四四一）が暗殺されると権勢を一気に失う。兄・持国《もちくに》（一三九八～一四五五）の軍勢が河内国《かわち》（現在の大阪府東部）から攻め上ってくるという報に接するや、彼は京都の屋敷を捨てて、やはり「女輿」に乗って越中国《えっちゅう》（現在の富山県）へ落ちている（『建内記《けんないき》』）。嘉吉三年（一四四三）六月、後南朝一党が禁裏《きんり》に乱入して三種の神器を奪還するという事件（禁闕《きんけつ》の変）が起こったときも、ときの後花園《ごはなぞの》天皇（一四一九〜七〇）は「御冠を脱て女房体にて」禁裏から逃げ出している（『看聞日記《かんもんにっき》』）。応仁《おうにん》の乱の最中、洛中洛外を暴れまわった足軽大将の骨皮道賢《ほねかわどうけん》（?〜一四六八）は、立て籠《こも》る稲荷山を西軍から猛攻されると、同様に「板輿に乗り、女の真似して」逃亡を図るも、最後は女装がばれて討ち取られてしまっている（『応仁記』）。

もちろん中世の戦場においても、女性に対する性暴力の問題は深刻な問題であり、女装することで、かえって身に危害がおよぶ場合があったのではないかとも思われる。ただ、これらの事例をみるかぎり、当時の社会では戦乱の最中であっても女性に対してはむやみに手出しをしてはならないという共通理解がそれなりにあったことがうかがえる。だからこそ、敗軍の将は一様に女装によって窮地からの脱出を図ったのだろう。

女の罪科という事なし

戦場において女性の殺害を忌むという通念は、さきに読んだ『今昔物語集』で平維茂が敵である藤原諸任の女たちを助けたというエピソードからもうかがえるし、そのほか、『平家物語』でも、有名な壇ノ浦の最期の場面で、二《に》位尼《いのあま》（平時子《ときこ》、一一二六〜八五）は建礼門院《けんれいもんいん》（平徳子《とくこ》、一一五五〜一二一三）に「女は殺さぬ習ひなれば」とも語っている。

しかし、そもそも中世社会においては、戦場にかぎらず、女性を男性と同等に処罰すること自体を忌避する観念があったようだ。

それは、さきにみた『義経記』のストーリーの続きからもうかがえる。衣川《ころもがわ》の館を急襲され、ついに自害を覚悟した源義経は、最後に夫人を呼び寄せ、彼女に逃亡することを奨《すす》める。そこで義経は「むかしより女の罪科といふ事なし。他所へわたらせ給ひ候へ」と言って、自分は朝廷から追討の対象となっている謀反人だが、古来、女性が処罰されるということはないとして、彼女をひとり逃がそうとしている（巻八「秀衡《ひでひら》が子共、判官殿に謀反の事」）。

元亀《げんき》二年（一五七二）三月には、奈良で山木を無断伐採した女房が捕縛され、取り調べをうけるが、そのときも興福寺の寺内では「女囚人糺問《きゆうもん》の先例いかが」として、女性を拷問にかけることの可否が議論になっている（『多聞院日記《たもんいんにっき》』）。これらの事例から考えても、中世社会においては、女性を男性と同様に処罰すること自体を忌避する観念があったことはまちがいないだろう。

江戸時代の女の罪

長野ひろ子氏によれば、じつはその後の近世社会においても、その前期までは女性は男性よりも罪が軽くなるという傾向があったという。徳川吉宗（一六八四～一七五一）の命によって寛保《かんぽう》二年（一七四二）につくられた法典『公事方御定書《くじかたおさだめがき》』の下巻二〇条には、関所破りの罪が規定されている。そこでは関所を通らず山越えして通行しようとした者に対して、男は磔《はりつけ》だったが、女は奴《やっこ》（奴婢《ぬひ》への身分転落）と規定されている。なぜなら、法典編纂者は、一般的に女は「男に誘引」されて関所破りをするものだから、と考えていたためらしい。

また寛政《かんせい》二年（一七九〇）、無宿女りんの処罰をめぐる、幕府の評議記録が残されている（『御仕置例類集古類集《おしおきれいるいしゅうこるいしゅう》』一七五九号）。大坂で盗みを犯したりんは、当初「敲《たた》き、または入れ墨のうえ重敲き」とすべきところ、「女の儀につき」「三十日手鎖《てぐさり》」、または大坂三郷《おおさかさんごう》払ひ」に罪が軽減されていた。ところが、その後まもなくりんは追放された大坂に舞い戻り、ふたたび盗みを犯したのである。そのため本来なら「死罪」とすべきところを、またも「女の儀につき」罪が軽減され、「遠島」とされることになった。しかし、後になって幕府内部では、りんの量刑をめぐって、「女の処罰については、男よりも軽くするべきだということはもちろん、入れ墨にしてはいかんという定めがあるわけではない」という意見が出され、けっきょく彼女は「死罪」となっている。

結果的に死罪になったとはいえ、この間の経緯と議論からは、とくに「定め」があるわけではないが、女は男よりも罰を軽くするべきだという意識が当時の社会に強固に存在していたことがみてとれる（長野氏によれば、この時期以降、江戸時代でもしだいに男・女の刑罰の「平等化」が進んでいくという）。明らかに、この時期まで日本社会には女性に対する刑罰は軽減されるべきという意識が残っていたのである。

ただし、これをもって江戸前期までの社会が、ちょっとぐらいの罪なら女性は赦される、「女性にやさしい社会」だった、あるいは「フェミニズム社会」だったなどと誤解してはいけない。むしろ、事態はその逆とみるべきだろう。さきの『公事方御定書』の編纂者側に関所破りをする女性は男に誑《たぶら》かされて罪を犯すものという認識があったことからもわかるように、そこには女性は男に比べて「一人前」の判断能力がないという認識があったようだ。当然ながら、浅はかな彼女たちに男性と同じ法的な責任能力を負わせることはできない。これが、彼女たちの罪が軽減された理由だった。

ではあらためて、なぜ中世において女性には耳鼻削ぎが科せられるのか？　この問いに対する答えは、ここまで来れば、読者にはほぼみえてきたのではないだろうか。つまり、女性が耳鼻削ぎにされる理由については、当時の社会に広まっていた二つの通念が基礎にあった。一つは、中世社会では耳鼻を削ぐことが死刑に準じるものだとして、死一等を減じた場合、その者は耳鼻削ぎにするのがふさわしいとする通念。そして、もう一つは、女性の殺害を忌避し、女性の刑罰は軽減されるべきだという通念。この二つの通念があわさって、日本中世社会においては、罪を犯した女性は耳鼻削ぎに処されていた（処されるべきと考えられていた）のである。

だとすれば、第一章で取り上げた阿氏河荘《あでがわのしょう》の地頭・湯浅氏が百姓に対して「女子どもを追い籠め、耳を切り鼻を削ぎ……」と恫喝した発言内容を猟奇的としてきた、これまでの感覚的な理解は、やはり修正されなければならないだろう。当時の人々は、現代の私たちが思うほどには耳鼻削ぎを残酷なものとは思っていなかったのである。それどころか当時の社会の常識に照らせば、耳鼻削ぎはむしろ逆に、本来なら殺害してもいい者たちの罪を許す温情的な処罰だったということになる。もちろん、その発言を告発している以上、阿氏河荘の百姓たちにとってはその処罰は不当であるという認識があったのだろう。しかし、そこでさすがの地頭も恫喝の中身は「耳鼻削ぎ」までにとどめ、百姓の妻の殺害にまでは言及していない。ここに、この時代なりの〝やさしさ〟があったのだ。

史料を解釈するとき、現代に生きる私たちは、つい無意識に自分たちの生きている社会の〝常識〟的な感覚を持ち込んでしまう。それで差し障りない場合ももちろんあるのだが、この耳鼻削ぎの事例のように、当時の人々の感覚が現代に生きる私たちと大きく異なっている場合、しばしば史料の解釈に現代的な感覚を持ち込むと、史実の評価を大きく誤ってしまうことになる。とはいえ、既成の観念や思い込みを捨てて「史料を虚心《きょしん》坦懐《たんかい》に読む」というのは、口で言うほど簡単なことではない。こちら側に相応の発想の柔軟さが求められるわけだが、歴史を考えることの難しさと、その裏腹のおもしろさは、そういったところにあるのではないかと私は思う。

三　耳や鼻は中世では何を象徴していたのか？

罪を赦される者たち

さきに紹介した『義経記』のエピソードで、源義経が但馬阿闍梨の命を助けて耳鼻削ぎにしたことからもわかるように、当時、殺害されるべきところを命を助けて耳鼻削ぎにされるのは女性ばかりではなかった。

文明《ぶんめい》四年（一四七二）一二月、奈良興福寺東金堂《とうこんどう》の「浄名の間《じようみようま》」という部屋の鎖が盗まれるという事件が起きている（『大乗院寺社雑事記《だいじよういんじしやぞうじき》』）。浄名の間とは、鎌倉期の仏師・定慶《じようけい》作の維摩居士坐像《ゆいまこじざぞう》（現存。国宝）が安置されていた部屋である。この部屋の調度品である鎖を盗んで、おそらく鋳溶かして何かに再利用しようとでもしたのだろう。捕まえてみたところ、この盗人は「落人乞食《おちうどこつじき》」だったという。結果、この盗人は「鼻ヲそぎ追放」とされている。

また、摂津国《せつつ》（現在の大阪府・兵庫県の一部）の勝尾寺《かつおじ》（現在の大阪府箕面市《みのお》）は、奈良時代からの由緒をもつ古刹《こさつ》で、かねて周囲の山林は殺生・伐樹禁断の地だった。ところが、この寺林に永仁《えいにん》元年(一二九三)一二月、突如として多数の周辺村民と悪党たちが乱入して、山鹿を射殺し、寺内を血で穢《けが》し、仏前で肉をさばくという事件が起こる。驚いた僧侶たちはこれに制止を加えたが、彼らは逆に悪党たちから罵詈《ばり》雑言《ぞうごん》を浴びせかけられ、しまいには弓に矢をつがえて威嚇《いかく》される始末だった。そして、ついに翌年正月には、灰尾坂という場所で、勝尾寺の理性《りしょう》という僧が悪党たちに捕らえられ、「耳を斬り鼻を削ぎ」という目に遭ったうえ、殺害されてしまったという(『鎌倉遺文《かまくらいぶん》』一八五二四号文書)。

あるいは、天正一〇年(一五八二)二月、信濃国(現在の長野県)高遠城に籠る仁科信盛に対して、織田信忠は降服勧告の使者として一人の僧を送っている。しかし、このとき信盛はこれに応ぜず、使いの僧に対して、「今度ばかりは大慈悲をもって命をば助くるなり。ただし験《しるし》なくては如何《いか》に候間、耳鼻を所望申すべし」と言って、耳鼻を削いで織田陣中に送り返している(『甲乱記』「高遠城之没落之事」)。

さきにみた『義経記』のエピソードや、これらの事例からも明らかなように、当時、女性に次いで耳鼻削ぎに処されることが多かったのが、じつは乞食や僧侶だったのである。

それ以外、中世(戦国期を除く)でふつうの成人男性が耳鼻削ぎに遭うという事例は、私の知るかぎり三例ほどしかない。一つは、嘉禄《かろく》二年（一二二六）二月、京都で六波羅《ろくはら》探題《たんだい》によって博奕《ばくち》打ちたちが捕縛された事例だが、そこでは博奕打ちたちが鼻を削ぎ、指を二本切り落とす、という処罰をうけている（『明月記《めいげつき》』）。もう一つは、源平合戦を描いた軍記物語『源平盛衰記《げんぺいじょうすいき》』（鎌倉後期～南北朝期の成立）で、平氏一族の平時忠《ときただ》（？～一一八九）が後白河《ごしらかわ》法皇の使者の顔に焼印を当て、髻を切り、鼻を鍛《たた》いたうえで追い返すという仕打ちをしている（巻三八）。この「鼻を鍛く」という処罰はほかの史料にも確認できるが、おそらく「鼻を削ぐ」というよりも「鼻をたたいてつぶす」という処置と思われる。本書では、以下、これも「鼻削ぎ」の一種として扱う。そして三つめは、さきほどの『義経記』の但馬阿闍梨のエピソードの前半のセリフで、但馬阿闍梨が義経の命を助けて耳鼻削ぎにしようと発言している。これを事例としてカウントしても、一般成人男性が耳鼻削ぎにされている（されそうになっている）事例は、計三例にすぎないことになる。中世において耳鼻削ぎにされるので圧倒的に多いのが女性、次が僧侶（乞食）。いずれにしても、一般男性が耳鼻削ぎに遭うというのは、きわめて希なことであった。

では、なぜ僧侶や乞食は、女性に次いで耳鼻削ぎに遭うのだろうか？　勝尾寺の僧侶は耳鼻を削がれたうえに殺害されてしまっているので、やや例外ではあるが、これも当時、乞食や僧侶が、女性と同じく殺害することを忌避される身分だったことによるものらしい。もっとも、女性の場合とは少し異なり、中世社会において乞食や僧侶は〝聖なる存在〟とみなされていたために殺害を忌避されていたようである。

僧侶が仏に近い存在であることから殺害を忌避されていたことは、さきの『義経記』で義経が「俗の身として僧を切らん事、仏を害し奉るに似たれば……」と語っていたことからも明らかだろう。それに対して、一般に乞食は一般百姓が零落して陥る境遇であり、差別されることはあっても僧侶のように崇められるということはない、と思う人も多いだろう。たしかに中世で神仏に嘘偽りのないことを誓約する起請文《きしようもん》とよばれる誓紙では、もしその誓約を破ったらバチが当たって、「たちまち乞食をいたし」ても構わない、という文句がしばしば見える。ここから、当時、乞食が誰もが嫌がる悲惨な境遇と考えられていたことはまちがいない。

ところが、中世社会では一方で、乞食も僧侶同様、崇拝の対象となることがあった。中世の説話には、助けてあげた乞食がじつは神仏の化身であり、のちに助けてあげた者に幸福をもたらすという筋書きがしばしばみられる。また鎌倉時代、肥前国《ひぜん》（現在の佐賀県・長崎県の一部）の国分《こくぶ》忠俊《ただとし》という武士などは、その遺書のなかで、子孫たちに「そもそも頭陀乞食《づだこつじき》は本師釈尊《しやくそん》の化儀なり」と言い置いて、乞食は釈迦《しやか》の化身であるから大切にするようにと語っている（「高城寺《こうじようじ》文書」）。つまり、乞食は〝聖〟と〝賤〟の両義性をもった存在であり、いずれにしても常人とは異なる存在と認識されていた。そうした乞食をむやみに殺害するのは、僧侶を殺害するのと同様、当時においては忌避されていたのである。

烏帽子のシンボリズム

中世社会にかぎらず、私たち人間の生きる社会には、かならずさまざまなシンボリズム（象徴性）が付随している。たとえば、現代日本社会では、スーツを着てネクタイを締めていれば、とりあえず「ふつうのサラリーマン」とみなされ、第一印象で不当な冷遇をうけるということはない。それとは逆に、髪の毛を金色に染めて、ヒゲを生やし、Tシャツとジーンズで就職活動を行う学生が存在するとしたら、いかに優秀な人材であったとしても、彼を採用しようとする企業はまず現れないだろう。私たちの社会は前近代社会のような身分制社会ではなく、個々人の社会的地位の平等が保障されている社会ではあるが、それでも「スーツ」「ネクタイ」「金髪」「ヒゲ」……といったものに社会的なイメージがかならず付随しており、それをもとにして、その人物の価値を推し量るということが無意識に行われている。現代社会において「スーツ」や「ネクタイ」は、その人の社会的な地位や属性を象徴するアイテムなのである。

古代・中世社会において、それと同等、もしくはそれ以上の価値を帯びていたアイテムが、「烏帽子《えぼし》」である。髪の毛を束ねて、髻を結い、その上から烏帽子をかぶっている者が、古代・中世社会において一人前の成人男子とみなされた。烏帽子には、身分に応じて折《おり》烏帽子・侍《さむらい》烏帽子・萎《なえ》烏帽子などのさまざまな種類があり、当時の人々は烏帽子を見るだけで、その人の身分や職業などを識別することができたのである。逆に、髻を結わず烏帽子をつけない「子供」や「女」や「乞食（非人）」や「僧侶」は、一人前とみなされることはなく、良くも悪くも社会的に成人男子とは異なる処遇をうけた。『平家物語』のなかに、俊寛《しゅんかん》らが流された鬼界《きかい》が島《しま》に住む人々の野蛮な姿を描写する場面があるが、そこには「この土の人にも似ず、色黒うして牛のごとし、身には頻《しき》りに毛生ひつつ、いふ詞も聞き知らず、男は烏帽子もせず、女は髪も下げざりけり」とある。当時において烏帽子をつけていない男など、もはや「人」とはみなせない存在だったのだ。

とくに絵巻物などを見ていると、彼らは自分の家のなかでも烏帽子をかぶっており、彼らが烏帽子を取るのは寝るときぐらいだったらしい。だから、人前で烏帽子を脱ぐ、烏帽子が脱げたところを他人に見られるというのは、とんでもない恥辱だったようだ。

次のページの図は、室町時代に成立した絵巻物「福富草子《ふくとみぞうし》」の一場面である。これは、オナラの芸を身につけて立身出世に成功した秀武という男と、愚かにもそれをまねして大失敗をした福富という男の物語である。福富は貴人のまえで秀武ゆずりのオナラの芸を見せようとしたが思いっきり脱糞してしまい、館の家来たちからさんざんな暴行をう

子どもに笑われ、囃し立てられている福富。その頭からは烏帽子が脱げ落ちそうで、髻が露わになっている。足元には糞便に混じって、血も流れ落ちている。御伽草子のひとつ『福富草子』より（作者・成立年不詳、白百合女子大学図書館蔵）。

けるはめになる。この場面は、大失敗の後、尾羽うち枯らして帰路に着く福富の姿を描いたものだが、彼の身体は血まみれのうえ、烏帽子が取れて髻が丸出しになってしまっており、それを指差してまわりの子どもたちが笑っている様子が描かれている。烏帽子が取れて、髻がむき出しになるというのは、それほどまでに恥ずかしいことだったのである。

平安時代の話だが、藤原実資《さねすけ》（九五七〜一〇四六）という貴族が自身の日記に、自分の見たとんでもない夢の内容を赤裸々に書き記している（『小右記《しょうゆうき》』長元《ちょうげん》二年九月二四日条）。その夢というのは、関白・藤原頼通《よりみち》（九九二〜一〇七四）と自分が「烏帽子をせずして」抱き合って寝ているという夢だった。しかも、自身の「玉茎」は木のように固くなり（！）、着ている白綿衣はとんでもなく膨れていて「恥ずかし」と思ったところで、目が醒《さ》めたというのだ。この時代の人々は夢を異界からのメッセージと考えており、それを日記に書き残すことも決して珍しいことではないが、それにしても当時、実資は七三歳、頼通は三八歳。考えれば考えるほど、なんとも奇妙な夢である……。しかし、彼はこれを「大慶」であるとして、当代一の権勢者と「烏帽子をせずして」抱き合った夢を、とても縁起のいいものと考えていたようだ。その当否はともかく、ここでわざわざ実資が抱き合うときの描写に「烏帽子をせずして」と書き加えているところが要注意である。おたがい烏帽子を取って抱き合うということに、彼は尋常ならざるエロチックなものをみてとったのだ。現代でいえば、烏帽子はさながら「パンツ」にでも匹敵すると考えればいいのだろうか……。

寛正《かんしよう》三年（一四六二）、室町御所での的射《まとい》の場で、斎藤朝日孫左衛門という者が射手を務めていたが、矢を放つ瞬間に転んでしまい、こともあろうに烏帽子を落としてしまうという失態があった。これを日記に書き留めた奈良に住む経覚《きようがく》という僧は「希代表事なり」と大げさな感想を添えているが、この二日後、石清水八幡宮《いわしみずはちまんぐう》で行われた的射でも、別の射手の射た矢が誤って神社の鳥居に突き刺さるという出来事があった。この二つの出来事を耳にした当時の人々は一様に「非吉」の現れであるとして、噂し合ったという。室町幕府の一大行事の場で、こともあろうに「烏帽子を落とす」という不祥事は、当時の人々に不吉な予感をあたえるのに十分なものがあったのだろう。

頭髪のシンボリズム

このほか、中世社会には、現代とは異なるさまざまなシンボリズムが存在した。中世後期になると、烏帽子をかぶる習慣が衰退してゆくが、そのかわりに髻が成人男子の象徴となり、それがのちの江戸時代の「髷《まげ》」につながる。また、烏帽子の下に見える鬢髪《びんぱつ》(耳の上の髪の毛)にも、同様に象徴的な意味合いがあった。中世の人々はしばしば死を覚悟すると、形見として鬢の毛を知人に渡したりしている(能「清経《きよつね》」など)。

そうした感覚を基礎にして、「御成敗式目《ごせいばいしきもく》」のなかには、刑罰として片方の鬢髪だけを剃り落とす「片鬢削ぎ」という刑罰が規定されているし、当時は成人男子の髻を切り落とす「髻切り」という刑罰や犯罪も存在していた。有名なところでは、『平家物語』に、孫・資盛《すけもり》(?~一一八五)にあたえられた恥辱を晴らすために平清盛(一一一八~八一)が郎等たちに摂政・藤原基房《もとふさ》(一一四五~一二三〇)の行列を襲わせるという話が描かれているが、そのとき清盛の郎等たちは基房の随身(警護の者)たちの髻を切り落とすという行為におよんでいる(巻一「殿下乗合」)。『平家物語』は、これを「平家悪行の始め」として非難し、この後に続く平家の専横の序曲と位置づけている。そのほか、鎌倉時代の日向国《ひゅうがのくに》(現在の宮崎県)では、喧嘩のすえに対立する相手の下人の髻を切った奈古社《なごしや》の大宮司が、その罪を問われて改易処分となっている例もある（「奈古神社文書」）。

また戦国時代になると、謝罪のしるしとして頭髪を剃って出家するという行為も一般化してくる（現代社会でも比喩として使われ、ときに現実にも行われる「頭を丸める」行為のルーツである）。いずれにしても、現代の私たちにすれば、いずれ髪の毛は伸びてくるから構わないじゃないかと思えるような事柄だが、「髻」や「鬢髪」に人格を象徴させていた当時の人々にとっては、決してそれで済まされることではなかったのである。彼らにとって、「髻」や「鬢髪」を失うことは、場合によっては〝死〟よりも過酷なことだったのである。

ところで、古代の中国には宮刑《きゆうけい》という、男性の性器を切断する刑罰があり、『史記』を書いた司馬遷《しばせん》（紀元前一四五？～前八六？）がこの刑に処せられたというのは有名な話であるから、知っている人も多いだろう。

この話題に説きおよぶとき、かならず言及されるのが、「なぜ日本社会は中国から宮刑を輸入しなかったのか」という問題である。これについては、牧畜社会ではなかった日本社会ではそもそも去勢技術が普及していなかったこと、あるいは異民族戦争の経験がなかったことなど、古来研究者のあいだからも、いくつかの要因が指摘されている（三田村泰助『宦官《かんがん》』参照）。私は、この問題については、直接には古代の日本政府が依拠した唐律にはもはや宮刑をはじめとする肉刑の規定が存在していなかったからと考えるのが最も穏当な理解だと考えるが、その後にいたるまで受容されることがなかったのには、もう一つ、宮刑のもつ名誉刑的な性格や死刑からの宥免刑としての性格を、中世社会では「片鬢削ぎ」や「髻切り」が担っていたから、という事情もあったように思う。逆にいえば、日本中世では「片鬢削ぎ」や「髻切り」は、古代中国での宮刑に相当する役割を担っていたのであり、当時の人々にも大変な重みをもって受け止められていたのである。「片鬢削ぎ」にしても「髻切り」にしても、この時代の頭髪にかかわる刑罰や犯罪の重みを理解するには、やはり、この時代の人々の頭髪に付随するシンボリズムを理解しておかなければならないだろう。

耳鼻のシンボリズム

では、烏帽子や髻のない女性や僧侶に対する制裁はどのようになされるのだろうか？このとき成人男子の烏帽子・髻と同様の価値があたえられたのが、まさに「耳」であり、「鼻」なのである。たとえば、古代から中世にかけて戦場では敵を討ち取った証拠として、その者の「首を取る」ということが一般に行われていた。しかし、次章でよりくわしく述べることになるが、なんらかの事情で首を持って帰ることが不可能だったとき、かわりに持って帰ってくる部位が、「耳」もしくは「鼻」であった。

弘治《こうじ》二年（一五五六）四月、有名な美濃国（現在の岐阜県南部）の戦国大名・斎藤道三《どうさん》

（一四九四～一五五六）は、実の息子である斎藤義龍《よしたつ》（一五二七～六一）と戦い、長良川で敗死する。このとき道三に最初に組み付いたのは長井忠左衛門という武士だった。ところが、長井が道三を生け捕りにしようとしているところを、横から入ってきた小真木源太という武士が道三を押し倒し、あっけなくその首を取ってしまう。これに怒った長井は道三の首から鼻だけを切り取り、「のちの証拠のために」と、その鼻を持って帰ったという（『信長公記《しんちょうこうき》』首巻）。

また、天正《てんしょう》三年（一五七五）八月、越前《えちぜん》国（現在の福井県北部）の一向一揆を殲滅《せんめつ》した織田信長（一五三四～八二）は、一揆の殲滅後も執拗に「山狩り」を命じ、逃亡者の追跡を行っている。このとき出された信長の命令は、一揆の者どもを見つけたら首は取らずに「切り捨て」にして、討ち取った「数のしるし」として鼻だけを削いで持参するように、というものだった（『越前国相越記《えちぜんのくにそうえつき》』〈『福井市立郷土歴史博物館館報』復刊一号所収〉）。

耳に関する事例はまたのちに紹介するが、このように、当時の戦場においては、耳や鼻は殺害の「証拠」であり「しるし」となりうるものだった。耳や鼻は、烏帽子や髻と同様、その者の人格を象徴する部位であり、逆にいえば、耳や鼻を失うということは、当時、それ自体〝死〟にかぎりなく近い意味をもつことだったのである。当然ながら、そもそも髻や烏帽子をもたない「女性」や「僧侶」に対する死一等を減じた刑罰が、耳や鼻を失うという形式になったのも、そうした耳・鼻のもつ象徴性に由来していたといえよう。

宥免刑にして人あらざる者へ

ここでいったん整理しよう。中世社会において、女性や僧侶に対して耳鼻削ぎが行使された理由としては、これまで述べてきた、およそ三点の要因から説明できる。まず、そこには①女性や僧侶を殺害することを忌む通念が前提にある。そのうえで、②耳や鼻はその者の人格を象徴する部位であり、それを失うことはかぎりなく〝死〟に等しいことであるという考えにもとづき、③死一等を減じた者に対する宥免措置は耳鼻削ぎがふさわしいという判断がなされ、結果的に女性や僧侶には耳鼻削ぎが科せられたのである。

ちなみに、中世社会において一般人とは区別され差別の対象となったのが「非人」とよばれる者たちだったが、その「非人」のなかでも、ことさら差別され「非人中の非人」として恐れられていたのが、らい病に罹患した「癩者《らいじゃ》」とよばれる者たちであった。らい病とは、現在ではハンセン病とよばれる慢性感染症であるが、これに感染すると末梢神経と皮膚が侵され、顔面や手指が変形し、外貌が醜く変形してしまう。そのため、当時の人々は、これを〝前世の宿縁〟による病と考え、患者である癩者は川原や寺社の門前などのスラムに隔離され、厳しい差別にさらされた（現在では特効薬が開発され治癒する病気となったが、いまでも世界各地でハンセン病患者に対する非科学的な迷信にもとづく差別は続いている。なお、「らい」や「癩」という言葉は、従来差別的な文脈で使用されてきたことから、現在では「ハンセン病」と言い換えるのが一般的であるが、本書ではあくまで歴史的な用語としてこの言葉を使用するものであり、差別的な意図があるものではないことをお断りしておく)。中世の一般的な誓約文書である起請文にも、誓約に違犯した場合、神仏のバチが当たって「白癩・黒癩」になって無間地獄に落ちても構わない、という文句が書かれるのが定型だった(当時、癩者は肌の色によって「白癩」と「黒癩」に類別されていた)。それほどまでに、当時の人々にとってらい病は恐れられた病気だったのである。

その癩者の外見的特徴が、しばしば耳や鼻が変形・離断し、顔面が獅子面になることにあったことを思うとき、耳や鼻を失うということは、それ自体、癩者と同格になることであり、「非人中の非人」への転落と考えられていた可能性は高い。また逆に、癩者が差別されること自体も、人格の象徴たる「耳」や「鼻」が欠損していることに由来し、それがまた彼らに対する謂《い》われない差別を増幅させていた可能性はあるだろう。

実際、戦国時代の薬師寺の事例(43ページの《事例7》)では、女性の「鼻耳成敗」が決まったとき、その執行にあたった「宿《しゅく》」(被差別民集落)に対して「刀代二十疋《ぴき》」が下されていた。耳鼻削ぎに遭った女性がその後どういう生活を送ったかを直接語る史料はないが、この薬師寺の事例の場合、彼女はそのまま、その「宿」の一員としての生活を余儀なくされた可能性が高い。

同じく戦国期の事例であるが、京都の北野社で「はなそぎ」が執行されるときは、「橋下」の「新清衆《きよめ》」に犯人の身柄が引き渡されている（『北野天満宮史料　目代日記』永禄一〇年一一月一二日条）。だとすれば、耳鼻削ぎには実際に非人への身分転落の意味がともなっていたことにもなろう。また、それはなくとも、49ページで紹介した子どもを襲って鼻を削ぎ、自分の鼻のかわりにしようとした女性のエピソードなどを思い返すと、彼女たちのその後の人生は決して安穏なものではなかっただろう。そう考えたとき、やはり宥免刑としての側面をもちつつも、耳鼻削ぎ刑のもつ深刻さは甚大であったといわざるをえない。

これも仁和寺の法師

さて、以上のようなことを念頭におくと、古典の名作といわれる作品も、その味わい方がこれまでとは少しちがってくることになる。たとえば、兼好法師の『徒然草《つれづれぐさ》』。中学や高校の古典の授業ではかならず紹介される作品だが、なかでも、仁和寺《にんなじ》の法師に関するいくつかの間抜けなエピソードは、読む者の頬がつい緩んでしまう珍妙なものばかりである。石清水八幡宮にお参りしながら、麓《ふもと》の寺々を見物しただけで、肝心の山上の神社には行かず帰ってしまった法師の話とか（第五二段）、稚児《ちご》を驚かせようとして埋めた箱をまんまと誰かに盗みとられてしまった法師の話とか（第五四段）、ひょっとして兼好法師は仁和寺に個人的な恨みでもあったのだろうかと勘ぐりたくなる。

極めつきは、次に紹介する、鼎《かなえ》（青銅製の器）をかぶって抜けなくなった気の毒な年若い法師のお話。きっと知っている人も多いことだろう。

稚児から法師になったお祝いの宴席で、酔っ払って調子に乗ったその法師は、そばにあった鼎を頭にかぶって即興で踊ってみせて、ひとしきり満座の笑いをとる。青銅の器をかぶった坊主がひらひら踊りを見せるのだから、それはさぞかしシュールでおもしろかっただろう。ところが、踊りが終わって、いざ鼎を取ろうとすると、これがまったく頭からはずれない。最初は笑っていた一座も、だんだん深刻な様子に気づいて、みなオロオロしはじめる。むりに引っ張ると、首のまわりから血が出てくるし、傷んだ場所が腫《は》れてきて、そのうち息をするのも苦しくなってくる。打ち割ろうとしても、青銅の鼎はそう簡単に割れるはずもなく、むしろその大音響に中の法師が目を回す始末。

しかたなく、みなで医者へ連れていこうとするが、さすがにその異様な風体で外を歩かせるわけにもいかず、鼎の底の三本足に帷子《かたびら》を打ちかけて、杖をつかせて、手を引いてゆくことに。帷子をかぶせているとはいえ、巨大な頭部の人間が杖をついて歩いてゆくのだから、道行く人もみんな目を留めないわけがない。そんな好奇の視線をかいくぐり、やっと医者のもとに法師を連れてゆくが、しゃべる声は鼎でこもってよく聞こえず、医者も「こんなことは書物にも書いてないし、治療法も聞いたことがない」とさじを投

鼎をかぶって踊る仁和寺の法師（西川祐信画『絵本徒然草』、1738年刊行、東北大学附属図書館狩野文庫）。

げる。

　とうとう万策尽きて、仁和寺に帰り、法師は床につかされ、枕元には知人や老母が集められる。周囲の者たちは涙を流すが、もはや本人は衰弱し、その声が聞こえているのかも定かではない。そこで、ついにある者が「たとえ耳鼻を失ったとしても、命だけは助かるだろう。ただ力いっぱいに引っ張ってみましょう」という最後の手段を提案する。緩衝材として首のまわりには藁《わら》が差し入れられ、あとはみんなで一気に首も引きちぎれんばかりに引っ張ることに。

　すると、どうにか鼎ははずれたものの、けっきょく法師の耳や鼻は欠けてしまう。気の毒に、どうにか命拾いはしたものの、法師はその後長く床についてしまったという。

以上が、『徒然草』第五三段の逸話である。酔っ払ってくだらない即興芸をやったばかりに、とんでもない目に遭ってしまった法師の話だが、その原因があまりにくだらないことだけに、読む者に不謹慎な笑いを誘う。

しかし、この話、本書をここまで読みすすめてこられた読者には、その背後に滑稽話では済まされない深刻な問題が潜んでいることに気づいたことだろう。耳鼻削ぎは女性や僧侶に一般的に科せられる刑罰であり、耳・鼻を失うことは〝死〟にかぎりなく等しく、また「非人中の非人」である癩者と同じ外貌になることだということを考えると、この法師の他愛もない悪ふざけの代償はあまりにも大きなものだった。彼のこの後の人生は決して平坦なものとはならないだろう。中世人である兼好法師にこうした認識がなかったはずがない。おそらく彼はそのことを十分承知のうえで、残酷さを秘めた強烈なブラックジョークとして、この話を語っているのだろう。その中世人特有の毒のある〝笑い〟を悪趣味なものとみて顔を背《そむ》けるか、それとも、まるごと肯定するかは、このさい読者の判断におまかせしよう。いずれにしても、当時の耳・鼻のシンボリズムに思いをいたせば、この『徒然草』のエピソードが、これまで考えられてきたほど牧歌的な内容ではないことは心しておくべきだろう。

古典文学のなかの毒

じつは、この『徒然草』にかぎらず、古典文学のなかには、そうした僧侶と耳鼻削ぎの関係を踏まえて創作されたと思しきものが少なくない。

たとえば、「重喜《じゅうき》」という狂言では、これから出かけようとする僧侶が、弟子の重喜という者に頭を剃ることを命じる。ところが、新米の重喜のカミソリをとる手は、かなりおぼつかない。そのうえ重喜は「七尺去って、師の影を踏まず」という警句を思い出し、見当違いにも長い棒の先にカミソリを取りつけ、遠くから僧侶の頭を剃ろうとする。もちろん、そんな器用なまねができるはずもなく、けっきょく重喜は僧侶の鼻を剃り落としてしまう。

さきの『徒然草』と同様、ここで現実に起きている事態はかなり深刻な話のはずなのだが、それをあえて採り入れることで、ブラックな笑いを追求しようとしている作品である。このほか、現在はこまかいストーリーは伝わっていないが、同じく狂言の「西堂《せいどう》」という作品がある。檀那《だんな》と僧侶が旅をする話であるが、途中で二人は喧嘩をし、最後は取っ組み合って、双方が鼻をつかんで、耳を引っ張って、幕切れとなる（『天正狂言本』）。現代では子どもの喧嘩でも、なかなか耳・鼻を引っ張り合うという光景は見られないが、中世の人々はまだ荒々しくも、耳や鼻を引っ張り合う喧嘩をしていたのだろう。しかし、その後の時代の人々には過激すぎたのだろうか、現在伝えられている狂言には、ここまで壮絶なバトルシーンはない。現代人にはなかなか理解しづらいが、おたがいの「急所」を攻撃し合う喧嘩の激しさは、きっと当時の観客の爆笑を誘っていたのだろう。

さらに江戸初期の笑い話集『醒睡笑《せいすいしょう》』のなかにも、こんな話がある。ある寺の無類のうどん好きの坊主が、仲間の坊主に向かって「おれの頭をカミソリで剃ってくれ。もし傷をつけたら、うどんをおごれよ。そのかわり、無事に剃れたら、おれがうどんをおごるから」ともちかける。これに応じて仲間の坊主は彼の頭を剃ることに。ところが、もう頭を剃り終わろうという頃になって、突然、彼は立ち上がり、そのために彼の耳はカミソリで切り落とされてしまう。どうも、彼は頭を剃られているあいだにわざと少し立ち上がり、自分の頭が切られることで、うどんのおごりにありつこうとしたのだが、思いのほか激しく立ち上がったために、耳が一つ切り落とされてしまったのだ。なんともバカな話である。しかも、その場では怒ってみたものの、うどんをおごってもらうことになって、その後、彼は喜んでいたという（巻二）。

この話も、うどんが欲しいばかりに耳を失い、また耳を失った後もその重大さに気づいていない坊主の愚かしさが、「耳を失う」という重大事を踏まえて強調されている。

このように、古典文学作品のなかには、僧侶と耳・鼻の関連性をうかがわせる逸話が意外に多い。これらのストーリーはいずれも、中世社会の耳と鼻のシンボリズムを前提にして成り立っているといえるだろう。

さて、ここまでくれば、本章冒頭で紹介した「耳なし芳一」や禅珍内供の「鼻」の話に込められた意味も、読者には容易に理解できるのではないだろうか。喜劇と悲劇のちがいこそあるが、「耳なし芳一」の説話も、話の構造は、まさにいままでみてきた話と同じなのである。つまり、芳一が耳を失ったのは、ただ偶然、そこに経文を書き忘れたからなどではない。近世前期を生きたこの説話の原作者は、当時の僧侶にとって耳を失うということがどれほどの大きな意味をもつかを十二分に認識したうえで、芳一の悲劇の道具立てとして、両耳を失うという物語設定を選択したのだろう。生命はとりとめたものの、死霊たちに魅入られた芳一が失った代償はやはり大きかった。そのことを訴えるためには、芳一が失うのは、やはり「耳」でなくてはならなかったのだ。

そして、また同じく冒頭で紹介した禅珍内供の「鼻」の話についても、同じことがいえる。当時、僧侶にとって「鼻」が人格を示す象徴であったことを思えば、それが人並みはずれて大きい僧侶というのは、ほかのどんな身体部位の奇形よりも注目されることだったにちがいない。当時の人々にとっては、出べそであるとか、さいづち頭であるとかよりも、なにより「でか鼻」のほうが、喜劇性が高いのである。

国民的な文学である「耳なし芳一」や芥川の「鼻」についても、その性格を正しく理解するためには、やはり中世社会のシンボリズムを正しく踏まえる必要があるといえるだろう。逆にいえば、小泉八雲の「耳なし芳一」も、芥川龍之介の「鼻」も、作者たちの意図はともかく、いまに中世社会のシンボリズムを伝承してくれる歴史研究の貴重な素材だったのだ。

第三章

戦場の耳鼻削ぎの真実

「小牧長久手合戦図屏風」（犬山城白帝文庫蔵）には、戦場で鼻を削がれた戦死者が描かれる。108ページ参照。

一　耳鼻削ぎの系譜をたどる

古代社会の耳鼻削ぎ

これまで刑罰としての耳鼻削《そ》ぎを追ってきたが、すでにふれたように、日本史上には、それとは別に戦場での戦功を示すための耳鼻削ぎも多くみられた。そこには、刑罰としての耳鼻削ぎとは異なり、当然ながら人命救済措置としての性格や、女性のための刑罰といった側面はうかがえない。この章では、刑罰としての耳鼻削ぎの一方で、同時代により広範に展開した戦場での耳鼻削ぎの様子をみてゆくことにしよう。

戦場での耳鼻削ぎの歴史は、想像以上に古い。古人類学者の鈴木尚《ひさし》氏によれば、弥生時代人の頭蓋骨のなかには、戦闘でうけたと思しき刀創とともに、頭部の皮膚などを刀で削いだ痕が認められるものがあるという。神奈川県三浦市の大浦山洞窟《おおうらやまどうくつ》で発掘された少なくとも一三体におよぶ弥生時代人の人骨を鈴木氏が精査したところ、それらの人骨はいずれも死後斬首されたもので、なかには耳を削ぐとき力あまって上あごまで切ってしまった傷や、鼻を削ぐときに生じた鼻孔の切創があるそうだ。とはいえ、それらの人骨には耳や鼻の切創にかぎらず、頭蓋骨を破壊して大脳を取り出した形跡などさまざまな人為的損傷が認められることから、鈴木氏はこれを強い怨恨によるものと推定している。

文献のうえで、戦場での耳鼻削ぎの記述が確認される最も古い事例は、平安時代中期の藤原利仁《としひと》（生没年未詳）のエピソードである。藤原利仁は〝利仁《りじん》将軍〟とよばれた伝説的な武人で、『今昔物語集《こんじゃくものがたりしゅう》』などにも、その武勇譚が採録されていることで知られている。ちなみに、芥川龍之介の小説『芋粥』（一九一六年発表）で、「芋粥を飽きるほど食べたい」という夢をもつ下級貴族を自邸に招き、山ほどの芋を見せつけてウンザリさせる地方豪族が登場するが、その人物こそが藤原利仁である（『今昔物語集』巻二六ノ一七が原典）。彼の事績は伝説に彩られ、どこまでが史実か判然としないが、『今昔物語集』では利仁は征新羅将軍《せいしらぎしょうぐん》に任ぜられ、朝鮮半島まで征服したことになっている。

そんな彼の神話的エピソードの一つに、延喜《えんぎ》一五年（九一五）、下野国《しもつけ》（現在の栃木県）高蔵山《たかくらやま》で都への貢物を劫掠《ごうりゃく》する群党を鎮圧した話がある。朝廷の命で東国へ派遣された利仁は豪雪のなかカンジキを用意して群党に立ち向かい、ついに「凶徒を切りて、馘《きりみみ》を献ず」と伝えられている。彼は討ち取った賊徒の耳を証拠として朝廷に献上し、その武名を高めたというのだ。ただし、このエピソードを載せる『鞍馬《あんば》蓋寺《がいじ》縁起《えんぎ》』は、戦国時代に成立したものなので、どこまで平安時代の史実を伝えているかはわからない。

承平《じょうへい》・天慶《てんぎょう》の乱で、平将門《まさかど》（?～九四〇）とならんで京都の貴族たちを震撼させた藤原純友《すみとも》（?～九四一）も、耳鼻削ぎのエピソードをもつ武士の一人である。天慶二年（九三九）一二月、純友は上洛途中の備前《びぜん》国（現在の岡山県東部）の介《すけ》、藤原子高《さねたか》を摂津《せっつ》国須岐駅《すきえき》（現在の兵庫県芦屋市）で郎等たちに襲わせる。このとき、純友の郎等たちは、子高を捕縛すると「すなはち耳を截《き》り、鼻を割き」、妻を拉致して、子息を殺害したという（『純友追討記《すみともついとうき》』）。これが一連の純友の反乱の発端であるが、ここでの耳鼻削ぎはとくに戦功の証拠というよりは、たんなるリンチを意味していたようだ。

ちなみに、このとき耳鼻削ぎをうけた藤原子高は、その後二〇年以上存命しており、讃岐介《さぬきのすけ》在任中の応和《おうわ》元～二年（九六一～六二）頃に死去する。『今昔物語集』によれば、この子高の前世はじつは猿であり、越後《えちご》国（現在の新潟県）で僧侶の読経を日夜聞いていた猿の夫婦がその功徳で人間に生まれ変わったのが、子高夫妻であるとされている。この逸話について、古代史の下向井龍彦《しもむかいたつひこ》氏は、耳と鼻を失ったその面貌から、子高は猿の生まれ変わりと噂されるようになったのではないかと推測している。

「耳納寺」の伝説

さらに時代は下って、前九年《ぜんくねん》合戦で活躍し、のちの源氏繁栄の基礎を築いた源頼義《みなもとのよりよし》

（九八八～一〇七五）にも、耳鼻削ぎのエピソードがある。系図『尊卑分脈《そんぴぶんみゃく》』の「頼義」の項には「人の首を斬ること一万五千人なり。おのおのその片耳を取り置き、一堂に納め、仏閣を建立し、耳納寺と号す」という注記がある。頼義は一万五〇〇〇人もの人を殺し、その片耳を取り集め「耳納寺」という寺院を建立したというのだ。

　実際、これを裏づけるような逸話が、鎌倉初期の説話集『古事談《こじだん》』（巻五ノ五三）と『発心集《ほっしんしゅう》』（巻三ノ三）にも収められている。このうち『古事談』によれば、頼義が建立した「みのう堂」は京都の六条坊門《ろくじょうぼうもん》の北、西洞院《にしのとういん》の西に所在し、本尊は阿弥陀如来で、承元《じょうげん》年間（一二〇七～一一）に焼亡するまで、たしかに存在していたとされる。頼義は前九年合戦が行われた一二年のあいだに戦場で死亡した兵士の片耳を切り集め、それを干して皮袋二つに入れて、京都に持ち帰り、この堂の土壇の下に埋め、供養したという。この功徳のために、頼義が「みのう堂」の本尊である阿弥陀如来像に礼拝し、往生極楽を祈願したところ、仏像がうなずいたと伝えられている。

　この場合、頼義は戦死者の耳を供養したことになっており、またそれによって往生極楽も保障されている。殺した敵の耳を納めたという『尊卑分脈』の残忍な話よりは、頼義に好意的な記述になっているといえるだろう。ただ、一方で鴨長明《かものちょうめい》が書いた説話集『発心集』では、頼義は若い頃から罪を重ねながら、いささかも懺悔《ざんげ》の心のない人物で、地獄に落ちることは疑いのなかった者とされている。ところが、「みのわ入道」という僧の説法を聞いて感化され、出家を遂げた。この「みのわ入道」のつくった堂は頼義邸の向かいにあって「みのわ堂」とよばれたというから、諸書によって伝承に混乱がみられるようだ。はたして頼義が礼拝したのは、耳を納めた堂なのか、みのわ入道由来の堂なのか？

『発心集』には、頼義の暴虐さが強調されているが、この時期の武士に対するそうした評価は彼にかぎったものではない。彼の嫡子の源義家《よしいえ》（一〇三九〜一一〇六）なども、同時代人から「多く罪なき人を殺す」（『中右記《ちゅうゆうき》』）と評され、当時の流行歌である今様《いまよう》にも、「おなじ源氏と申せども、八幡太郎は恐ろしや」（源氏とはいいながら光源氏とは大違いの恐ろしい男）と歌われている（『梁塵秘抄《りょうじんひしょう》』）。草創期の武士たちはみな大なり小なり周囲の人々から畏怖され、実際にのちの時代では考えられないような残忍な振る舞いも多く行っていたようだ。おそらく頼義についても、本来はみのわ入道由来の堂が、その音通から「みのう堂」とされ、やがては彼の日頃の暴虐な言動から、耳を納めた「耳納寺」というおどろおどろしい逸話が生まれてしまったのではないだろうか？

以上、藤原利仁、藤原純友、源頼義という草創期の武士たちの耳鼻削ぎのエピソードを追ってみた。利仁については後世の伝説であり、頼義については諸書に混乱がみられることから、いずれも史実と断ずるには躊躇《ちゅうちょ》される部分もある。ただ、このあと鎌倉〜室町時代にかけて、戦場での耳鼻削ぎの逸話はほとんど確認されなくなる。おそらく戦場での耳鼻削ぎは草創期の武士たちに固有のエピソードで、彼らの残忍なキャラクターのなかから生み出されてきたものなのだろう。それに対し、鎌倉時代以降は、それなりに「つわものの道」とよばれる武士身分の行動規範や倫理が形成されるようになる。それにより、彼らは非戦闘員や女性に手をかけることを忌避するし、自らの武威を誇示するための無益な殺戮《さつりく》も白眼視されるようになる。そうしたなかで耳鼻削ぎも語られることがなくなり、また実際に行われることもなくなったのだろう。

ふたたび耳鼻削ぎが史料上に確認されるようになるのは、そうした「つわものの道」の倫理規範が崩壊し、大量殺戮が現出するようになる戦国時代になってからのことである。

二　戦功の証となった戦国争乱の世

全国でみられる耳鼻削ぎ

前章で、斎藤道三《どうさん》が討ち取られた後に鼻を削がれたという話や、織田信長の一向一揆討伐のさいの鼻削ぎ指令を紹介したが、それ以外にも戦国時代には耳鼻削ぎの事例が数多くあふれている。とくに鼻をもって戦功の証《あかし》とする習俗は、日本以外では見られないもののようだ。以下、私の知るかぎりの事例を列挙しよう。

《事例1》応仁の乱の戦場にて

戦国時代における耳鼻削ぎの痕跡は、早くは応仁《おうにん》の乱において確認できる。応仁の乱の最中、京都市中で放火・略奪をほしいままにした足軽たちの生態を記した、禅僧の日記『碧山日録《へきざんにちろく》』のなかで、彼らの行動は「ときどき俘馘《ふかく》の作あり」と記されている（応仁二年六月一五日条）。「俘馘」とは「捕虜と、殺したしるしにきり取った敵の耳」のことである（『大修館新漢和辞典三訂版』）。この記述のとおりだとすれば、すでに室町後期の応仁の乱の渦中で足軽たちは耳削ぎを行っていたことになるが、そうした記録は『碧山日録』にしかみえない。『碧山日録』の筆者は禅僧で、日記中でしばしば漢籍に依拠した文飾を行っているので、この表現もあるいは実際の耳削ぎを描写したものではなく、漢籍のなかの常套表現をまねただけかもしれない。

《事例2》下総国の戦場にて

天文《てんぶん》七年（一五三八）一〇月、下総《しもうさ》国国府台《こうのだい》（現在の千葉県市川市）を舞台に〝小弓御所《おゆみごしょ》〟足利義明《よしあき》（一四八二～一五三八）と北条氏綱《うじつな》（一四八六～一五四一）との大規模な戦闘が行われる（第一次国府台合戦）。戦闘は北条方の勝利に終わったが、軍記『北条五代記』（巻三）は、このとき北条方で首実検の検使を務めた中山修理介《しゅりのすけ》の峻厳《しゅんげん》な戦功認定の様子を描写している。

それによれば、このときは激戦のなかで、鼻一つと首一つを陣中に持参し、二つの首と主張する者や、鼻ばかりをいくつも持参して、首として認定してもらおうとする者が後を絶たなかった。これに対し、中山修理介は次のように述べて、鼻を戦功の証とすることを拒んだという。

「今回は討ち死にした味方の死骸も道路山野に満ちている。鼻が首として扱われるなら、死んだ味方の鼻を削いで持ってくるやつもいないとはかぎらない。以前の常陸国《ひたち》（現在の茨城県）での佐竹義重《さたけよししげ》らとの戦いでは、味方は首を五〇〇取ったが、六月中旬の炎暑の時節なので鼻を削いで、小田原に持参させるということもあった。しかし、そうした事情でもないのに、鼻を削いで戦功の証とすることは認められない」

ところが、同じ戦場で、伊山助四郎と江川兵衛太夫という二人は奮戦し、おたがいに敵の首を一つずつ取ったものの、伊山は戦闘継続不能の重傷を負ってしまった。江川は、これを見て伊山に「その傷ではもう戦うことは無理だから、その首の鼻を削いで鎧《よろい》の上帯にはさみ、太刀《たち》を杖にして、早々に帰陣せよ。おまえが途中で死んだとしても、わしが証人となって、その鼻がたしかな戦功であると報告してやる。もし検使がそれを疑うなら、わしが取ったこの首をおまえの戦功にしてやる」と声をかけている。さらに、そのうえで「わしは再度突撃しようと思うが、この首が重いので、わしも首の鼻を削ぎ、帯にはさむことにしよう。もしわしが討ち死にしたならば、こんどはおまえが、わしの戦功をかわりに検使に報告してくれ」と頼み置いている。

さて、その後、江川は無事にもう一つの首を獲得し、首一つと鼻一つを持って首実検の場に現れた。このとき中山修理介は、本来ならば認められない鼻だけの戦功を次のような言葉をかけて認めてやったという。

「おまえが来るよりまえに、負傷した伊山助四郎が鼻を一つ持参して現れて、そのほうと二人立ち並び首を取ったことを、たしかに氏綱さまの御前で報告した。氏綱さまはおまえが生死を顧みず、二度の突撃を敢行したことに感激なさり、すでにおまえが来るまえからおまえの戦功を帳簿につけておくようご指示なされたぞ」

かくして二人の友情の「鼻」は、戦功として無事認められることになったという。なかなかおもしろい話だが、この話に登場する中山修理介は残念ながら同時代史料で裏づけのとれない人物のようだ。また、中山のセリフのなかに出てきた「以前の常陸国での佐竹義重らとの戦い」は天正《てんしょう》四年（一五七六）六月の高道祖原《たかさいはら》合戦の話であって、天文七年（一五三八）の逸話のなかに出てくる話としては、時間軸が狂っている。話のディテールは興味深いが、全体としては、どうやら後世につくられた架空の話である可能性が高い。

《事例3》近江国の戦場にて

むしろ戦場での耳鼻削ぎの事実が多くの史料から確認されるようになるのは、圧倒的に戦国後期（～織豊政権期）になってからのことである。元亀《げんき》二年（一五七一）五月、近江《おうみ》横山城（現在の滋賀県長浜市）の羽柴秀吉は、堀秀村《ほりひでむら》（一五五七～九九）の鎌刃《かまは》城（現在の滋賀県米原市）の救出に向かい、近江浅井《あざい》氏・江北一向一揆の連合軍と激突する。このとき浅井・一揆両軍五〇〇〇に対し、秀吉軍は五〇〇という少勢だったが、秀吉はこれを打破し、留守の横山城を背後から襲った浅井軍本隊も留守居の竹中重治《しげはる》（一五四四～七九）の奮戦によって撃退される。秀吉はこの大勝利を喜び、「討取たる一揆の耳・鼻千八百」を織田信長に進上したところ、信長も大いに喜んだという。このエピソードは、やや史料的価値の落ちる軍記であるが、『浅井三代記』（巻一六）に書かれている。

《事例4》伊勢国の戦場にて

織田信長の事績を記した伝記としては、太田牛一《おおたぎゅういち》の記した『信長公記《しんちょうこうき》』が良質な史料とされている。これに対し、記述のなかに明らかな創作も含まれているとして、『信長公記』よりも史料的な価値が一段落ちるとされているのが、小瀬甫庵《おぜほあん》が記した『甫庵信長記』である。ただし、『甫庵信長記』の成立年は『信長公記』とはさして変わらず、最近では『甫庵信長記』の史料的な価値を再評価しようという気運も起きている。

この『甫庵信長記』のなかの天正二年（一五七四）八月、信長が伊勢《いせ》国長島（現在の三重県桑名市）の一向一揆を討伐したくだりで、耳鼻削ぎが確認できる（巻七）。信長は包囲した長島から逃亡を図った百姓の男女二〇〇〇人を切り捨て、その耳鼻を削いで、船一艘に積み、長島の城中に送り返したという。当時の戦場の常識からすれば、耳・鼻が送られてきたということは、その者たちが殺害されたということを意味するわけだから、それを見た城中の者たちは慄然《りつぜん》としたにちがいない。これは、敵対者に対する威嚇《いかく》として削いだ耳鼻が利用されたという事例である。

《事例5》上野国の戦場にて

天正一二年（一五八四）秋、上野《こうずけ》国金山城（現在の群馬県太田市）城主の由良《ゆら》国繁《くにしげ》（一五五〇〜一六一一）は北条氏に敵対し、桐生・足尾方面に攻め込む。両者の対立は前年の沼尻合戦以来のものだったが、このとき、これを迎撃した深沢城（群馬県桐生市）の阿《あ》久沢《くざわ》能登守《のとのかみ》は、討ち取った敵兵の「鼻験《しるし》十四」を戦功として北条氏直《うじなお》（一五六二〜九一）に送りつけている。また、同じ阿久沢能登守は別の戦いでも北条氏邦《うじくに》（一五四八〜九七）に「鼻験八」を送り届けている（目黒文書、『戦国遺文《せんごくいぶん》〔北条〕』二七二五号・二九五五号）。戦功としての首級《しゅきゅう》のことを当時「首験」ともいったが、ここでは「鼻験」という言葉が使われていることが注目される。

《事例6》尾張国の戦場にて

天正一二年（一五八四）四月、秀吉と徳川家康が雌雄を決した長久手《ながくて》の戦いにおいても鼻削ぎが確認できる。家康の本拠地三河を奇襲するはずだった秀吉軍別働隊は、逆に尾張長久手（現在の愛知県長久手市）にて徳川軍の奇襲をうけ、壊滅してしまう。その混乱のなか、秀吉軍の将で、〝鬼武蔵〟の異名で知られた森長可《ながよし》（一五五八～八四）は眉間に銃弾をうけて落命する。その首を取ろうとした本多八蔵は、眉間に弾痕のある首を戦功とすると「拾ひ首」であると疑われてしまうことを案じ、あらかじめ今日の戦場では首を取るにおよばないという指示が出ていたことをさいわいに、森の首から鼻だけを削ぎ、あわせて家紋（鶴の丸）の入った森の佩刀《はいとう》を証拠として自陣に持ち帰っている（「長久手合戦記」『長久手町史 資料編六』所収）。

なお、長久手の戦いを描いた「小牧長久手合戦図屏風」には、何体かの鼻を削がれた戦死体も描き込まれている（108ページ参照）。奇襲戦であったこの戦いでは、実際に鼻削ぎ指令が出されていたのだろう。

《事例7》和泉国の戦場にて

天正一三年（一五八五）、紀伊《きい》国（現在の和歌山県）の根来《ねごろ》・雑賀衆《さいかしゅう》の攻略を思いたった秀吉は、三月、和泉国《いずみ》（現在の大阪府南部）岸和田城主の中村一氏《かずうじ》（？～一六〇〇）に和泉国制圧を命じる。宣教師のルイス・フロイスは、このときの戦闘の様子を「五畿内においては、自らが討ち取った敵の首級を指揮官に差し出す習わしであったが、各兵士はすでに疲れていたので、（敵兵の）耳だけを切り取って行った」と記している（『日本史』第二部五八章。および『一六・七世紀イエズス会日本報告集』一五八四年八月末日付書簡参照）。

《事例8》南奥州の戦場にて

天正一七年（一五八九）、六月に摺上原《すりあげはら》の戦いで葦名《あしな》氏を滅亡させた伊達政宗（一五六七～一六三六）は、引き続き南奥州の親葦名勢力との戦闘を継続していた。九月、前線にあった亘理《わたり》重宗《しげむね》（一五五二～一六二〇）から政宗のもとに「はな二十四、いけどり二十人あまり」を獲得したとの戦功報告がなされている（『伊達天正日記』）。ここでは「いけどり」の報告のほかに首級の報告はなく、かわりに「はな」の数が報告されている。

《事例9》北奥州の戦場にて（1）

天正一八年（一五九〇）、小田原北条氏を滅ぼし、奥州も支配下においた豊臣政権に対し、大崎・葛西氏の牢人たちが一揆を起こす。このとき鎮圧軍として北奥州に派遣された遠江《とおとうみ》掛川城主の山内一豊《やまうちかつとよ》（一五四五？～一六〇五）に向けて、同年七月、豊臣家の奉行

小牧長久手合戦図屏風（犬山城白帝文庫蔵）

天正12年（1584）、尾張国長久手（現在の愛知県長久手市）での羽柴秀吉軍と徳川家康軍との遭遇戦を描いた「小牧長久手合戦図屏風」には、鼻を削がれたと思われる戦死者が少なくとも3名描かれている。❶と❷は徳川軍に討たれた堀秀政隊の戦死者、❸は池田勝入隊の戦死者で、いずれも鼻の部分が赤く塗られ、鼻のかわりに二筋の鼻孔が描かれている。とくに❶は赤色が鼻孔の下の唇部分にまでおよんでおり、唇ごと鼻を削がれた可能性がある。鼻を削がれた戦死者を描いた絵画は類例がなく、本作は耳鼻削ぎの歴史を考える上で貴重な絵画史料である。

である浅野長吉《ながよし》（のちの長政《ながまさ》、一五四七〜一六一一）は、大崎の一揆を成敗したら「首・鼻ども京都え上せ申」すようにとの指示を出している（『山内家史料　一豊公紀』）。

山内軍にかぎらず、このときの大崎・葛西一揆鎮圧戦では、豊臣軍による組織的な耳鼻削ぎが行われていたようである。翌天正一九年六月、豊臣軍の一員として、一揆の籠《こも》る宮崎城（現在の宮城県加美郡加美町）を攻めた伊達政宗は、落城とともに一揆の者をことごとく殺害し、城主とその一族の首数八一と一三〇の耳鼻数を記した報告書を作成し、京都の秀吉に送っている（『貞山公治家記録《ていざんこうじけきろく》』）。これに対し、京都の浅野長継《ながつぐ》（のちの幸長《よしなが》、一五七六〜一六一三）は、翌月に「首数八十一ならびに耳鼻百三十人分」の報告書を受領し、秀吉の閲覧に供した旨の返書を送っている（『伊達家文書』六〇二号）。

なお、浅野の返書は前日に書かれた秀吉の返書に添えられたものであるが、伊達家に残された秀吉自身の返書のなかには首数と戦功を賞賛する文言はあっても、なぜか耳・鼻に関する具体的な記述はない（『伊達家文書』六〇〇号）。これは首級に比べて、耳鼻が軽微な戦功と位置づけられていたためと思われる。

《事例10》関ヶ原の戦いにて

有名な慶長《けいちょう》五年（一六〇〇）の関ヶ原の戦いにおいても、その前哨戦で耳鼻削ぎはみられた。開戦前の八月下旬、先鋒隊の福島正則（一五六一〜一六二四）・池田輝政（一五六四〜一六一三）らは西軍の岐阜城を攻めたが、その側面支援をするため、三河岡崎城主の田中吉政（一五四八〜一六〇九）らは大垣城の東、合渡川《ごうとがわ》を渡河した。そのとき吉政は戦場で一番首をあげた田中采女《うねめ》を賞賛するとともに、次いで高名をあげた川淵九郎右衛門の様子を目撃して、すかさず「鼻をかき候へ」という指示を出している（『田中兵部殿関ヶ原覚書』）。

鼻削ぎは本隊の岐阜城攻めでも行われていたらしく、岐阜城を落とした福島・池田は、江戸にいる徳川家康に戦功の証拠として、鼻を「おびただしく」送付している。これに対し、九月初旬、家康は「早々鼻おびただしく持ち給ひ、上下万民悦び入り候」という書状を両人宛てに送り、その労をねぎらっている（『池田家文書』）。

《事例11》北奥州の戦場にて（2）

慶長六年（一六〇一）七月、陸奥《むつ》の南部利直（一五七六〜一六三二）の所領において本吉郡・気仙《けせん》郡の牢人や金掘たちによる一揆が起こる（釜石一揆）。隣国の伊達政宗は上洛の直前、この一揆が自領に波及するのを警戒し、家中に指示して討伐を命じる。九月中旬、無事、一揆の討伐が成功した後、政宗は江戸に向かう道中で、家臣の茂庭綱元《つなもと》（一五四九〜一六四〇）らに討ち取った一揆の者の名前を書き立て、「鼻をそへて」南部家の留守居に届けるようにとの指示を出している。そのさい、首ではなく鼻を送ってきたことについて、南部家側から不満が出た場合には、「(最初、徳川家から) 上方《かみがた》(当時、家康は伏見にいる) まで届けるのは遠いので鼻で構わないという指示があったのだが、途中で南部家に見せよという指示に変わったので、そうしたのだ」と説明するようにと指示している (亘理家文書、『仙台市史 資料編11 伊達政宗文書2』一一六七号文書)。直後に政宗が本多正信に宛てた文書によれば、たしかに、このときは「遠路」であることを理由に、首ではなく鼻を「百六十一」、徳川家に提出することになっていたが、政宗が宇都宮まで来たところで、南部家に見せるようにという指示が徳川家から下りたので、急遽、鼻を南部家に転送することになったらしい (天理図書館所蔵伊達家文書、『同』一一六九号文書)。

一次史料と文学史料

以上、軍記物語や古文書と、史料の精度はまちまちであるから、これらのすべてを事実とみていいかどうか、読者の方々は躊躇《ちゅうちょ》されるかもしれない。ここで少し脇道にそれるが、私たち歴史研究者の「史料の使い方」について説明しておきたい。一般的に、当事者が書いた手紙や記録などは「一次史料」とよばれ、歴史研究のうえでは最も重視される。それに対して、後世に編纂された史料や文学作品としての創作が加えられた史料は「二次史料」や「文学史料」とよばれて、「一次史料」に比べると精度が落ちるとされ、史料としての利用は敬遠される。しかし、編纂史料や文学作品は、すべて歴史研究から排除するべきかというと、そうでもない。すべては歴史家の「使い方」次第なのである。

ふつう、歴史家は史料のなかから「5W1H」の情報を引き出そうとする。この場合の「5W1H」とは、「WHEN（いつ）」「WHO（だれ）」「WHERE（どこ）」「WHAT（なに）」「WHY（なぜ）」「HOW（どのよう）」をさす。一次史料は同時代の当事者が残しただけあって、これらの情報を比較的正確に抽出することのできる史料といえるだろう。それに対し、文学作品などは、創作が混じっている以上、へたをすると、「いつ」「だれ」「どこ」「なに」の情報は、すべて役に立たない可能性がある。

たとえばの話、二〇一〇年代のOLの生活を後世の歴史学者が復元しようとしたとき、当時放送されていたテレビドラマに登場するOLたちをすべて実在の人物とみなして論文を書いてしまったら、それはとんでもないまちがいを犯してしまうことになる。テレビドラマはあくまでフィクションであり、そこに登場する固有名詞はすべて架空のものなのだから、そこに描かれた「いつ」「だれ」「どこ」「なに」を鵜呑みにしてはいけない。これは当然のことである。

ところが、そうした怪しげな情報源であったとしても、そのなかの「HOW（どのよう）」だけは、一定の真実が含まれている可能性がある。たとえば、どんなテレビドラマでも、ストーリーや設定はフィクションであったとしても、そこに描かれているOLたちの生活スタイルのディテールや彼女たちの行動原理などは、案外、当時のリアルな風俗や常識を映し出しているのがふつうだろう。もしディテールや行動原理があまりに当時の常識からかけ離れてしまっては、いくらフィクションとはいえ、視聴者の興味をつなぎとめることができないからだ。であるならば、フィクションである作品でも、そこから当時の人々の生活や常識が「どのよう」になっていたか、「どのよう」な風俗や習慣が存在していたか、ということを導き出す材料とすることは許されるだろう。いや、場合によっては、この点に関しては、一次史料よりも文学作品のほうが史料として優れているといえるかもしれない（現代のOL生活を後世の人が復元しようとしたとき、彼女たちの「給料明細」と、同時代に流行したOL物の「テレビドラマ」では、どちらが史料として魅力的かは明らかだろう）。

もちろん、文学作品のなかには、作者の技能が稚拙であったり、あえて作者が超現実的な世界を描こうとして、当時の社会の常識からかけ離れてしまうものもなくはない。しかし、その場合も、影響関係のない複数の作品のなかに同じような実態が描かれていた場合、その情報にはあるていど信頼をおくことができるだろう。

このように、私たち歴史研究者は、問題関心に応じて史料を慎重に使い分けているのであり、何がなんでも一次史料のほうが優れている、一次史料でなくてはならない、というわけではない。とくに本書が主題とする耳鼻削ぎ習俗のような問題を考えるとき、二次史料や文学作品も十分に有用性があるといえる。軍記物語や説話物語は、そこに描かれた固有名詞は架空であったり、錯誤があったりしたとしても、ディテールには当時の社会の常識や行動様式が反映されている可能性が高いのである。

戦国の耳鼻削ぎの特徴

以上のことを念頭において、これらの事例をみてみれば、あらためて戦国時代（とくに戦国後期～織豊政権期）は耳鼻削ぎが全面展開した時代だったことがわかるだろう。では、ここからうかがえる戦国時代の耳鼻削ぎの特徴とは、なんだろうか？　以下、具体的に確認してみよう。

まず明らかなのは、鼻や耳はあくまで首の代用品であり、基本的には戦功の証拠は首のほうが望ましいということだろう。それは、《事例２》の検使役・中山修理介が鼻をもって戦功認定することを原則的には禁じていたことからもうかがえるし、《事例６》で森長可の首を手に入れた本多八蔵が森の眉間に弾痕があったため、しかたなく鼻を削いだことからもうかがえる。また、《事例９》で浅野長継からの添状では耳鼻のことに言及しても、肝心の秀吉書状では耳鼻についてはふれていないことや、《事例11》で伊達政宗が一揆の衆の鼻を南部家に届けるさいに首ではないことについて文句を言われることを警戒しているのも同様だろう。耳や鼻は、あくまで首を本陣に持参できないときの代用品だったのである。

では、耳や鼻が首にかわって戦功の証と認められる条件には、どのようなものがあったのだろうか？　まず思いつくのが「季節」の問題だろう。《事例2》の検使役・中山修理介のセリフのなかにも、酷暑の季節に戦功として鼻削ぎが認められたという先例が紹介されている。しかし、それ以外の事例の月日を見るかぎり、意外に首級の腐敗が心配になる夏季に耳鼻削ぎの事例が集中しているというわけでもないようだ。考えてみれば、首級が腐乱するような陽気ならば、当然耳や鼻も腐敗するだろうから、二つを分ける主要因は季節や気温というわけではないだろう。

それよりも重要と思われるのが、むしろ戦場と本拠地の「距離」の問題である。《事例2》の高道祖原合戦は夏季であるだけでなく、戦場が常陸国でありながら、戦功認定する北条氏の本拠地が小田原と、かなり離れていた。《事例5》も上野国での戦果が小田原に報告された事例である。《事例10》は美濃《みの》国での戦果が遠く江戸に報告された事例であるし、《事例9》と《事例11》にいたっては、奥州の戦場の戦果が畿内に報告されるという事例であった。いずれも合戦が遠方で行われており、本拠地への戦功報告に時間がかかる事例だった。こうした場合、重い首を運送するよりも耳や鼻を運送するほうが手っ取り早いことはいうまでもない（それは、この次にみる秀吉の朝鮮出兵での鼻削ぎにしても同じである)。耳鼻削ぎが首取りに代用される主要因としては、季節の問題以上に、戦地と本拠地との距離の問題があったと思われる。

次に留意すべきは、耳鼻削ぎに遭う人物の「身分」の問題である。《事例9》で大崎・葛西一揆を滅ぼした伊達政宗は京都へ、大将とその一族は首のまま送り、それ以外の者は耳鼻を送っている。これをうけて秀吉も首については褒賞しているが、耳鼻については とくに言及していない。越前の一向一揆を滅ぼした信長も、一揆の残党を山狩りで捕縛したら、鼻のみを送るように指示している。また、《事例6》の長久手の戦いで落命した森長可のエピソードも、頭部に致命傷さえ負っていなければ、本来、森長可クラスの武将は鼻ではなく首を持ってくるべきだったことを暗示している。ここから、当時においても、大将クラスは首を戦功の証とするが、雑兵や百姓クラスについては首を持参するにはおよばず、耳鼻で構わないという認識があったことがうかがえる。耳鼻削ぎは低階層の者、つまり大将など名のある武将以外の、その他大勢を討ち取った場合の戦功の表現方法だったのである。

以上の点を考えたとき、そうした戦場での耳鼻削ぎの事例が戦国後期〜織豊政権期に集中している事実は、決して偶然のことではないだろう。戦国後期の合戦の特徴は、なんといっても合戦規模の巨大化である。一つは大名同士の領国が拡大した結果、遠征や長期戦などが一般化してゆき、合戦のスケールが列島を股にかけるほどの空前の規模に広がっていった。そして、もう一つ、百姓や村落の合戦動員や合戦参加も拡大してゆき、それ以前よりもはるかに多くの一般庶民が合戦にかかわるようになっていった。これにより戦国後期〜織豊政権期の合戦は、それ以前よりも悲惨なものになっていったことはまちがいない。戦術的にも、兵粮《ひょうろう》攻めやなで斬り（片端から切り捨てること）、城下の放火といった戦術が多用されるようになるのは、この頃からである。そうした戦術は合戦に関与した庶民たちの戦意を喪失させるためであると同時に、敵の大名が自己の領民たちの保護義務を履行できていないことを満天下に知らしめるためにも格好の手段だった。

そうした状況下では、遠隔地の戦場での戦功認定に至便であり、またその他大勢の者の戦功の証となる耳鼻削ぎが多用されるようになるのは、当然の道理といえるだろう。耳鼻削ぎは戦国合戦の新段階に即応して生まれ出た習俗だったのである。近世前期に原話が成立した「耳なし芳一」のエピソードのなかで、芳一の姿を確認できなかった死霊たちが、かわりに彼の耳を持ち帰るのも、あるいは、こうした戦国の習俗の延長線上にあるのかもしれない。

耳削ぎのルール

数ある顔の部位のなかで、とりわけ耳や鼻が首の代用品として受け入れられたのは、前章で述べたように、中世以来、耳や鼻がその人の人格を象徴する部位であったからにほかならない（逆にいえば、耳や鼻を失った首や身体には戦功の価値は認められない）。たとえば、現代では遺体の身元を確認するうえでは、歯型や指紋などが重視される。その部位さえ確認できれば、その遺体の人格を特定することができるのだ。さしずめ戦国時代の人々にとっての耳や鼻は、そうした現代人にとっての歯型や指のような存在だったといえるかもしれない。

しかし、首とちがって耳や鼻には、戦功認定のうえで、どうしても厄介な問題がともなう。たとえば単純な話、耳と鼻はいずれも同様に首のかわりとして扱われたが、一人の人間に耳は二つ、鼻は一つである。耳を戦功として認めてしまうと、一人の人間の両耳を削いできて、二人分の戦功として申告してくる者も出るかもしれない。

そのため、秀吉の朝鮮出兵のさいには「人は両耳あり。鼻、すなはち一つなり。鼻を割きて、もって首級に代へん」という指令が出されたという（朝鮮側史料『乱中雑録《らんちゅうざつろく》』丁酉《ていゆう》七月）。朝鮮出兵のさい秀吉が、耳は二つあるので、耳ではなく鼻を本国に持参するようにと指示したというのは、ほかの記録にも徴証《ちょうしょう》がある（朝鮮側史料『看羊録《かんようろく》』など）。たしかに、さきにあげた国内の事例のなかでも、耳験よりも鼻験の事例のほうが圧倒的に多い。戦功の証としては、耳よりも鼻のほうが適切と考えられていたのだろう。

しかし、それでも耳をもって戦功の証とする場合は、あらかじめそれなりの合意が必要だった。山梨県北杜市《ほくとし》長坂町小荒間《こあらま》には、天文九年（一五四〇）、武田信玄が村上義清

（一五〇一～七三）を破った小荒間合戦のときにつくられたと伝わる耳塚が存在する。その耳塚について、地元では次のような伝承がある。

天文九年、武田、村上合戦の折、武田方は「信濃勢を今日中に打ち破る。敵の武将は首級を、兵卒は左の耳を袋に入れて持って来い、その中味によって恩賞を与える」といって檄《げき》をとばし、結果的に大勝利を得たが、その時の耳については富蔵山《とくらさん》の北方約二丁（約二〇〇メートル）の地点に塚をたて、手厚く葬り、耳塚と称した。

（小荒間公民館編『名水の里こあらま』）

この伝承によれば、信玄はあらかじめ合戦のまえに「左の耳」をもって戦功の証とすることを全軍に布告していたという。こうしておけば、戦後の戦功認定にさいして混乱が生じることもないだろう。実際、薩摩島津氏の残した朝鮮出兵の記録『征韓録《せいかんろく》』にも、文禄《ぶんろく》元年（一五九二）初冬に「今日討取る首七十余級、左の耳と鼻を切て、名護屋に献じ、御感状を賜りぬ」という記述が見える。戦国時代、耳を戦功として認める場合は、ダブルカウントの危険を回避するため、あらかじめ軍の内部で「左の耳」もしくは「右の耳」と、どちらかの耳を戦功の証とすることが指定されていたようだ。戦場での耳削ぎには、こうした一定のルールが生まれていたのである（なお、『詩経《しきょう》』の毛伝《もうでん》や鄭玄箋《じょうげんせん》には「馘《きりみみ》」とは「左耳」のことと説明されている。あるいは戦国時代の日本にも、本来、耳験は左耳であるという認識が存在したのかもしれない）。

鼻削ぎのルール

とはいえ、耳にしても鼻にしても、やはり首とちがって本人識別のうえでは、つねに問題がつきまとう。《事例6》で、森長可の首から鼻だけを削いだ本多八蔵が、あわせて森の家紋つきの刀を持ち帰ったのも、鼻だけでは森の鼻であることが証明できないからにほかならない。あるいは、《事例2》の検使・中山修理介が危惧していたように、鼻を戦功として認めると、味方の戦死者の鼻を削いで持参する者が現れないともかぎらなかった。また場合によっては、味方の死体どころか、耳・鼻目当てに非戦闘員を襲う不埒者《ふらちもの》が現れる恐れもあった。実際、朝鮮出兵では、日本軍は「男・女・生子までも残らず撫《な》で切りにいたし、鼻をそぎ」、それを本国に送致していた（『本山豊前守安政父《もとやまぶぜんのかみやすまさふ》子《し》戦《せん》功覚書《こうおぼえがき》』）。やがては鼻を削ぎさえすればよいとなると、朝鮮人を捕まえて生きながらその鼻を削ぐ者まで現れる始末で、戦後、朝鮮では鼻のない者が巷にあふれていたというのだから痛ましい（『乱中雑録』）。

こうした鼻削ぎをめぐって看過できない状況が拡大するなかで、そのうち、いつともなく戦場での鼻削ぎにもルールが生まれるようになっていった。江戸初期に成立した戦陣訓『雑兵物語《ぞうひょうものがたり》』には、次のような「鼻の削ぎ方」をめぐる逸話が載っている。

雑兵の嘉助が主人に襲いかかった敵兵を鉄砲で撃ち倒し、その首を取ろうとする。すると、主人は「鼻削ぎは味方討ちと紛らわしいので本来は御法度《ごはっと》であるが、これほどの大勢の見ているまえならば、かまうまい」と言って、嘉助に鼻削ぎをするように指示する。鼻削ぎは「味方討ち」と思われるので「御法度」というのは、さきの《事例2》の中山修理介のエピソードと同じである。しかし、このときも衆人環視の場であることを理由に、鼻削ぎが主人から許容されている。

主人の許しを得た嘉助は、敵の鼻を削ぎ、多くの者がするように胸板の内に鼻をしまおうとしたが、そもそも彼は雑兵で具足を身につけていない。そこで彼は鉄砲をしまう鞘の鐺《こじり》のなかにしまい込んだ。その後、彼は主人に褒められようと思い、その鼻を見せたところ、主人は「カニの目ほど」に目を飛び出させて、次のように嘉助を怒鳴りつけた。

「鼻を削ぐときには唇ごとひっかけて削ぐもんだ！　鼻だけを削いだのでは、ヒゲがついていないから、女の首やら男の首やらわかりゃしない！　これでは男の首の証拠にはならんではないか!!」

叱られた嘉助は、しかたなくその鼻を「ガラリ」と捨てたという。

戦国時代の成人男性は基本的に髭《ひげ》を生やしており、髭は成人男子の証でもあった。そのため、ここでは女・子どもの鼻と区別できるように、髭付きの鼻削ぎが求められているのである。同じ話は『細川幽斎覚書《ほそかわゆうさいおぼえがき》』などにも見えるから、鼻験をめぐる不正が繰り返されるなかで、どうも戦国末期には鼻験は鼻だけではなく髭がついている唇ごと削ぐのが理想的であるというルールも生まれていたのだろう。

江戸中期に書かれた有名な武士道書『葉隠』にも、戦場では髭ごと鼻を削ぐという話が出てくる。そのとき口髭がない首は女の首と紛らわしいので打ち捨てられた。そのため、自分が死んだ後に首を捨てられないようにするための嗜《たしな》みとして、昔の人は口髭を生やしていたのだという（聞書一一）。いささか論理が逆転しているが、当時はそう信じられていたらしい。

同様に、近世の山鹿流《やまがりゅう》の軍学書『武教全書《ぶきょうぜんしょ》』のなかにも、鼻削ぎは証人を立てて行うべしというノウハウのほか、「鼻を欠くは髭を、耳を欠くには鬢《びん》の髪をそぐなり」という一文も見えるから、耳を削ぐ場合も、一緒に鬢の髪を付けて削いでくることが求められていたようだ（「高名誉の批判事」）。いやはや、なんとも気色の悪い話ではあるが。

死を覚悟の耳ピアス

そんな具合なので、戦国時代には討ち取られる側も、自分が耳や鼻だけになったときのための対応策を講じなければならなかった。天正一〇年（一五八二）五月、上杉景勝《かげかつ》（一五五五〜一六二三）の領国に攻め込んだ織田信長の軍勢は、柴田勝家（一五二二〜八三）を大将にして越中《えっちゅう》国魚津城（現在の富山県魚津市）を取り囲む。このとき魚津城に立て籠る上杉方の軍は四〇〇〇名弱、対する織田軍は四万であったといわれている。上杉景勝は自ら魚津城の救援に向かうものの、織田軍は同時に信濃方面からも上杉領国に攻め込む気配をみせたため、救援ままならず撤退を余儀なくされる。見捨てられた魚津城の将兵たちは絶望的な戦いを繰り広げ、最後は中条景泰《なかじょうかげやす》以下一三人の将が自害を遂げ、城は六月三日、ついに陥落する。奇しくも、この前日、京都では織田信長が本能寺で明智光秀（一五二八〜八二）の急襲をうけて死んでいる。そのため直後に信長の死を知った柴田軍は、城をそのままに慌てて撤退することになる。もし落城があと数日遅かったら、あるいは本能寺の変があと数日早かったら、彼らは命を落とすことがなかったわけで、歴史の皮肉ともいうべき悲劇的な結末でよく知られているエピソードである。

この有名な魚津城の戦いにおいて、救援軍の撤退に絶望した城兵たち三〇〇人は「面々仮名を板札に書き印し、耳のつばに穴を明け、かの札を結び付けて」出撃し、「死に狂ひ」といわれる戦闘を行っている（『越後治乱記《えちごちらんき》』〔『越佐史料』所収〕）。つまり、出撃

中世の戦では、はねた首はこのように晒した。そのさい、髻には木製の名札を結わいつけた。永保３年（1083）に起きた「後三年合戦」を描いた、飛騨守惟久『後三年合戦絵詞』の一場面（貞和３年〔1347〕、東京国立博物館蔵）。小松茂美編『日本の絵巻14 後三年合戦絵詞』（中央公論社、1988年）より転載。

のまえに、彼らはあらかじめ板札に名前を書き記し、自分の耳たぶに穴を開け、ひもでその名札を結びつけたというのだ。中世以来、討ち取った敵の首はそれとわかるように髻《もとどり》に名札をつけて晒《さら》しておくのが作法だった（上の図『後三年合戦絵詞』参照）。しかし、ここでは討ち死にを覚悟した将兵たちは自らの耳に名札を括《くく》りつけている。こうした例を私はほかに知らないが、きっと彼らは自分たちが討ち取られた後、その身元が紛れてしまい、後世にその奮闘が語り伝えられないことを恐れて、こうした所作に出たのだろう。そのさい、中世の伝統である髻に名札をつけるのではなく、あえて耳に穴をあけて名札をつけるのは、最悪、自分の首級が耳験だけになってしまったことを考えてのことと思われる。討ち死にを決意した者の側にも、こうした所作がなされているということ自体、当時の戦場において耳験・鼻験の習俗が大きな広がりを示していたことを物語るものといえるだろう。

三　秀吉の朝鮮出兵と海を渡った耳鼻削ぎ

戦場での鼻削ぎ習俗が最も大規模に、かつ悲惨なかたちで展開したのが、有名な豊臣秀吉の朝鮮出兵である。以下では、このとき朝鮮の戦場でどのようなことが起きていたのかを追っていこう。

秀吉の大陸征服構想

天下統一を果たした秀吉は、次の目標を「唐入《からい》り」、すなわち中国大陸（明《みん》帝国）征服と定め、天正一八年（一五九〇）一一月、その先鋒役を朝鮮国に命じる。もちろん伝統的に明帝国を宗主国と仰いできた朝鮮国がこの要求に従うはずもなく、朝鮮国は翌年夏、これを正式に拒絶する。かくして天正二〇年（一五九二）四月、日本軍は一五万余の大軍をもって朝鮮侵攻を開始する。第一次朝鮮出兵、いわゆる文禄の役のはじまりである。

なお、最近では一部に、この秀吉の出兵を無計画な誇大妄想とみるのは結果論であって、当時においては現実的な勝算のある軍事行動であったということをことさらに強調する意見がある。あるいはまた、この手の秀吉の行動を現代の倫理的な価値観から「侵略行為」と処断することの不当性を訴える言説もしばしば目につく。しかし、出兵前後の秀吉自身の発言などをみるかぎり、彼に正確な国際情勢が把握できていたとはとうてい考えられず、征服後のビジョンも含めて、やはり朝鮮出兵はとても現実的な施策であったとはいいがたい。また、その評価についても、わざわざ現代的な価値観・倫理観を持ち出すまでもなく、すでに同時代の日本人の僧侶ですらも、次のような感慨を日記に書き漏らしている。

南蛮・高麗（朝鮮）・大唐（明）は異国が攻めてくるということで震撼している。貴賤上下の人々の困惑や盛衰を思いやると、気の毒なことだ。さてさて、どうなることだろうか。希代の不思議な行いである。（『多聞院日記《たもんいんにっき》』天正二〇年三月一五日条）

この日記の著者は、秀吉が小田原城を落城させたとの報に接して、「関白殿、ただ人にあらず」と賛嘆を惜しまなかった人物だが、こんどの朝鮮出兵だけはその先行きに不信感を抱いており、また隣国の人々の苦衷に同情する心も持ち合わせていた。そのほかの箇所でも、「かの国万民、不便《ふびん》々々、さぞさぞ悲しきかな、思いやる、思いやる」と記している。秀吉とその周辺の人々の言動が、こうした当時の人々の常識的な感覚からも乖離《かいり》していたことは明らかだろう。これら同時代の声すらも無視して、秀吉の行為をことさらに弁護しようとする論者のほうが、よほど私には現代の政治的立場を歴史の評価に持ち込んでいるように思えるのだが、いかがだろうか？

さて、第一次出兵では、緒戦こそ日本軍が朝鮮軍を圧倒したものの、その後は明軍の支援と義兵の決起により日本軍は後退を余儀なくされる。文禄二年（一五九三）四月には一時停戦がなされるが、それも秀吉の出した傲慢な講和条件が受け入れられず、慶長二年（一五九七）二月には第二次出兵が開始される（慶長の役）。この時点で大陸征服が現実性の乏しいものであることを悟った秀吉は、第二次出兵では朝鮮南四道を実力で奪うことに目的を変え、当面の攻撃目標を全羅道《ぜんらどう》に絞り込んでいた。日本軍による鼻削ぎが組織的に行われたのは、このときのことであった。

海を越えた鼻削ぎ習俗

慶長二年八月、宇喜多秀家《うきたひでいえ》（一五七三〜一六五五）を大将とする日本軍の攻撃の焦点は、全羅北道《ぜんらほくどう》の南原城《ナムウオン》に向けられていた。このとき本国から戦功の証として鼻験を送致するようにとの指示が出されている。山室恭子氏によれば、このときあえて鼻験の進上が指示されたのは、同年七月一八日に京都の方広寺《ほうこうじ》に善光寺《ぜんこうじ》如来《にょらい》像の遷座《せんざ》があったことと関連しているらしい。これ以前、秀吉によって鳴り物入りで建立された方広寺の大仏殿は慶長大地震で倒壊してしまい、大仏再建の目途《めど》も立っていなかった。そこで、秀吉は過去に上杉謙信・武田信玄・織田信長といった、そうそうたる面々が自国に招致しようとした信濃《しなの》善光寺の如来像を、大仏のかわりに京都に引っ張り出そうと思いついたのだった。秀吉は、その善光寺如来の方広寺遷座のパフォーマンスの一環として、朝鮮人の鼻を祀《まつ》った鼻塚の築造と、鼻供養を思い立ったのである。それにより秀吉は、四海を制圧し、しかも敵兵の菩提をも弔う慈悲深いリーダーとしてのイメージを、京都の人々にアピールしようとしたわけである。つまり、鼻削ぎの結果として鼻塚が築かれたわけではなく、真実は、鼻塚を築くための鼻削ぎであったのだ。

もちろん秀吉も自分の威徳を示すためであるならば、かなうことなら鼻塚ではなく首塚が造りたかったのだろう。しかし、朝鮮から京都までの距離を考えれば、それが首験ではなく鼻験になるのは戦国時代以来の常識であった。山室氏は、朝鮮での鼻削ぎは善光寺如来遷座と鼻供養のあいだの慶長二年八月〜一〇月にしかみられないと強調するが、実際は天正二〇年（＝文禄元年、一五九二）初冬の江原道春川《こうげんどうチュンチョン》の戦いで島津忠豊《ただとよ》軍が七〇余の耳と鼻を秀吉のもとに献じているし（『征韓録』）、翌文禄二年には鍋島直茂・勝茂軍が咸鏡道《かんきょうどう》の咸興《ハムフン》の北八〇里の場所で朝鮮軍を撃破し、一三〇〇の「馘耳」を日本に送っている（『加藤家伝　清正公行状』）。また第二次出兵では、慶長三年（一五九八）一〇月の慶尚道泗川《けいしょうどうサチョン》の戦いで、島津軍が三万八七一七の鼻験を本国に送っている（『両国壬辰実記』)。秀吉自身も遠方からの鼻の輸送については、すでに天正一九年の奥州の大崎・葛西一揆の討滅のときの実績と経験があった。今回の組織的なかたちでの鼻削ぎはたしかに秀吉の思いつきに端を発したものだが、鼻削ぎ自体はこれまでみてきたように、戦国以来の習俗に根ざしたものとみるべきだろう。

かくて日本軍の猛攻のまえに八月一六日、南原城は陥落する。落城前後の南原では、主人の命をうけた足軽が「畏まりて脇差を抜き、鼻をかかんとす」と、夢中で鼻削ぎをしていたし、主人は主人で乱戦中でも「血刀を打ち捨て、紅に染まりたる掌を合はせ、遠く日本を拝しける」と宗教心をみせたかと思えば、「さて鼻をかき、具足の鼻紙入《はながみいれ》さし入れて」と、削いだ敵兵の鼻を手際よく「鼻紙入れ」にしまいこむというように、壮絶な修羅場が展開されていた。この事実を従軍日記に書き残した豊後《ぶんご》臼杵《うすき》城主・太田《おおた》一《かず》吉《よし》(?〜一六一七)の家臣、大河内《おおこうち》秀元《ひでもと》(一五七六〜一六六六)は、同じ日記に南原落城時に各大名が首級をいくつあげたかを列記しているが、その合計は三七二六級にもおよんでいる。このうち、大河内は「判官は大将なれば首をそのまま、そのほかはことごとく鼻にして、塩・石灰をもって壺に詰め入れ」、進上したとしている(『朝鮮記』)。敵将「慶州判官」の首だけはそのままにして、その他大勢は鼻にするというのも、戦国以来の伝統である。しかも、このときは本国までの距離を考慮して、腐敗を防ぐため、鼻を塩漬け、石灰漬けにしている。同じ頃、朝鮮へ渡っていた長宗我部《ちょうそかべ》家でも六〇〇六人

表1　秀吉の軍目付が発給した鼻請取状の事例

慶長二年（一五九七）

吉川広家		鍋島勝茂		黒田長政		藤堂高虎	
				8月16日	23（咸陽）		
				8月17日	25（黄石山）		
		8月21日	90	8月23日	7		
9月1日	480	8月25日	264			8月26日	346
9月4日	792	8月27日	170	9月5日	3000	8月27日	36
9月7日	358			9月7日	85（稷山）		
9月9日	641	9月13日	1551	9月13日	241（清安）		
9月11日	437			9月14日	510		
9月17日	1245			9月15日	457		
9月21日	870（珍原）			9月17日	372		
9月26日	10040（珍原・霊光）			9月17日	244（青山）		
				9月19日	3000（開寧）		
10月9日	3487	10月1日	3369（金溝）	9月29日	223（玄風）		
計　18350		計　5444		計　8187		計　382	
吉川家文書		鍋島家文書		黒田文書		『高山公実録』	

※カッコ内の地名は鼻を取った地域。鼻数には明兵のものも含まれる。

（北島万次「秀吉の朝鮮侵略における鼻切りと虚構の供養」〔2010年〕より作成）

分もの鼻を集め、「鼻には塩して一千づつ桶六つに入」れ、本国へ送致したと伝えられている（『長曽我部元親記』）。

この南原落城の日から一〇月にかけての日付で、秀吉の軍目付《いくさめつけ》の名前で各大名に宛てられた「鼻請取状《はなうけとりじょう》」とよばれる文書が、日本国内の各大名家に合計三〇通近く残されている。これは、各大名家から送り届けられた鼻験を軍目付がたしかに受領したことを示す、豊臣政権の「鼻験」の受領証である。これらの文書は写しも含めて、吉川《きっかわ》・鍋島・黒田・藤堂といった諸家に残されているが、前ページの表は、秀吉の朝鮮出兵研究の第一人者である北島万次《きたじままんじ》氏がそれらの文書を集計し、そこに書かれた鼻験の数を計算したものである。それによれば、吉川家だけで二万近く、鍋島家五〇〇〇、黒田家でも八〇〇〇以上もの鼻験が秀吉に進上されていたことがわかる。さきの大河内や長宗我部の集計数も合計すれば、その合計数は判明しているだけでも優に四万を超える。わずか二カ月のあいだに、恐るべき規模の鼻削ぎが行われたといわねばなるまい。

しかも、それぞれの文書に書かれた地名に注意すると、鼻削ぎは南原城だけではなく、珍原《チンウオン》・金溝《クムグ》・金堤《キムジェ》という全羅北道全域や、全羅南道の霊光《ヨングァン》、忠清南道《ちゅうせいなんどう》の舒川《ソチヨン》・韓山《ハンサン》などにまでおよんでいる。加藤清正（一五六二〜一六一一）や黒田長政（一五六八〜一六二三）にいたっては、一カ月半のあいだに慶尚南道→全羅北道→忠清南道→忠清北道→慶尚北道をぐるっと回って、ふたたび慶尚南道に戻ってくるという、朝鮮半島南部を席巻する

朝鮮出兵における鼻削ぎ

慶長二年（一五九七）

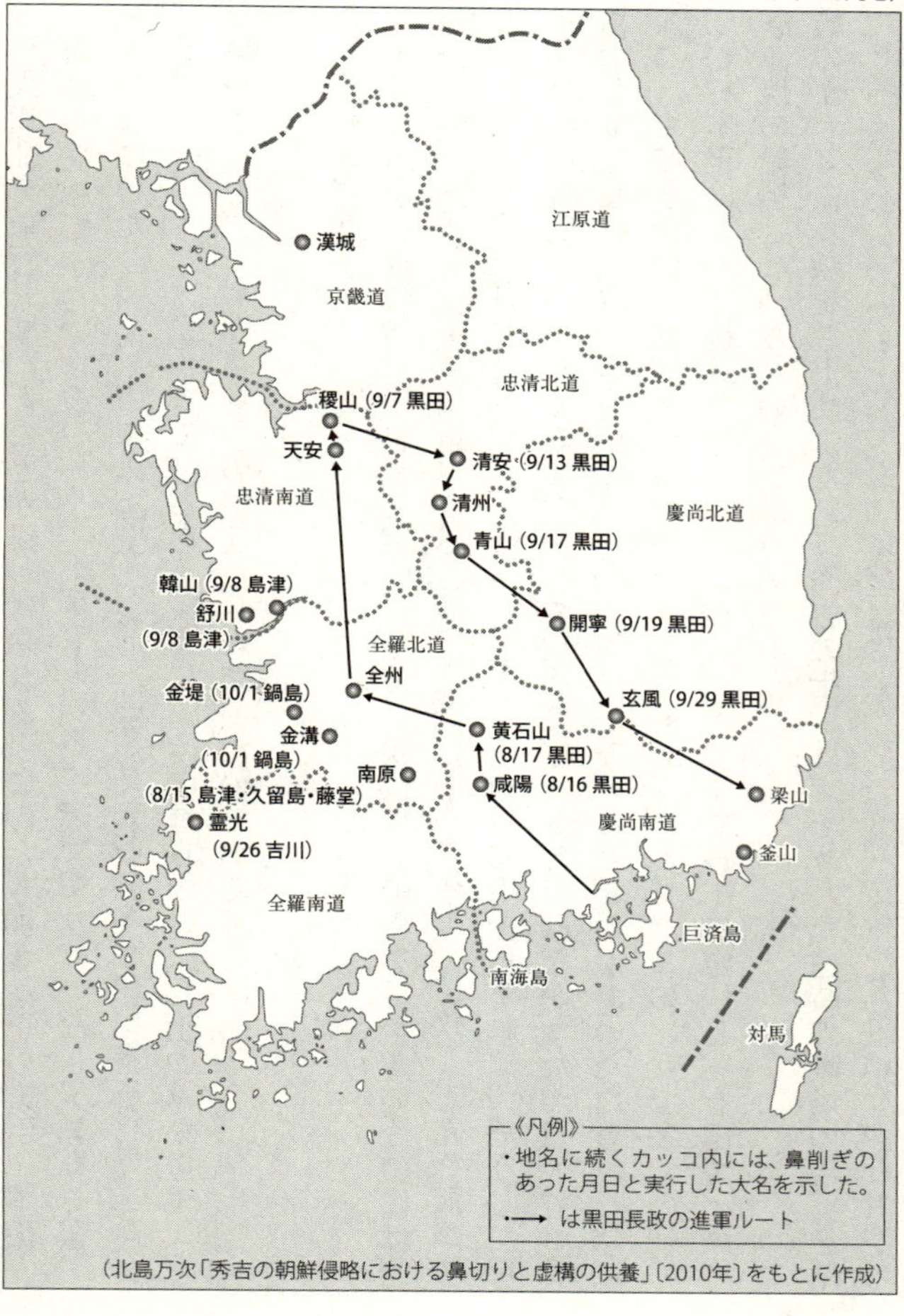

（北島万次「秀吉の朝鮮侵略における鼻切りと虚構の供養」〔2010年〕をもとに作成）

鼻削ぎの大遠征を敢行していたことが跡づけられる。このとき加藤清正の家臣・本山安《もとやまやす》政《まさ》は、漢城《ソウル》を発してから、「男・女・生子までも残らず撫で切りにいたし、鼻をそぎ、その日々に塩にいたし」、蔚山《ウルサン》にまで向かったと回顧録に記している（『本山豊前守安政父子戦功覚書』）。「男・女・生子まで」とあるように、その進軍中には兵士のみならず、一般の女性や子どもまでもが鼻削ぎの標的とされていたのである。

秀吉の思惑と誤算

ここまで彼らが秀吉の指示に忠実に従い、空前の規模で鼻削ぎを行っていたのには訳があった。戦国時代の日本の戦場では、戦闘地域の住人を兵士が拉致して売り飛ばす「人取り」が一般的に行われていた。侵攻してきた大名の立場からすれば、そうした行為は占領地域の荒廃につながるので、決して歓迎できることではなかったが、一方で兵士たちはそうした「人取り」や掠奪《りゃくだつ》目当てで従軍しているところがあったため、むげに禁ずることもできなかった。それは朝鮮出兵でも同じであって、この出兵で多くの朝鮮人陶工が日本軍によって拉致《らち》され、のちに彼らがそのまま日本に定住し、有田焼・薩摩焼・唐津焼の始祖となったという話は有名だろう。

首級のかわりに鼻験を進上せよという秀吉の指示は、そうした当時の戦場の現実を踏まえ、じつに念の入ったものだった。秀吉は、集めた鼻験が枡《ます》一升分になった者から

「生擒《せいきん》せしむるを許す」、つまり住民の生け捕りを認めたのである（『乱中雑録』丁酉七月、『看羊録』）。実際、加藤清正はそれに従い、配下の兵士に一人につき鼻験三つを集めてくるようにとのノルマを課している（『清正高麗陣覚書』）。秀吉は彼らの物欲を解放する交換条件として、鼻験進上のノルマを課したのである。当然、このノルマを果たそうとする者のなかには、さきほどのように、平気で数合わせのために女・子どもといった非戦闘員を襲う者もあっただろう。あるいは、これもすでに述べたように、生きた朝鮮人から鼻だけを削いで数合わせをしようとする者まで現れていた。その結果、戦後の朝鮮では「その後、数十年間、本国の路上に鼻無き者、はなはだ多し」という異常事態が現出していた（『乱中雑録』丁酉七月）。

さて、これまで本書では、耳鼻削ぎという、およそ酸鼻をきわめる話題を主題にするにあたって、それを現代的な価値観から「猟奇的」であるとか「残酷」であると評することを極力避け、なるべく同時代の価値観に寄り添うことを心がけてきた。そうした本書の立場からすれば、この秀吉の行為も、声高にその倫理的な不当を糺《ただ》すべきではないのかもしれない。戦国社会を生きてきた秀吉配下の武士たちは、おそらく鼻削ぎを私たちがうける印象ほどには醜悪なものとは思っていなかったにちがいない（ただし、その規模はそれ以前のものとは桁ちがいであるが）。

しかし、今回の場合、最大の問題は、そうした自国内で行われていた耳鼻削ぎ習俗をほとんどなんの躊躇もなく、対外戦争に輸出してしまったという点だろう。どんなものであれ、固有の〈文化〉は尊重されなければならない。しかし、〈文化〉を共有しない人々にそれを強要することは、いつの時代であれ許されることではない。秀吉の朝鮮出兵の過程をみていると、領土侵犯という行為以上に、そうした〈文化〉面での情けないほどの不見識、無神経が目に余る。

たとえば、戦国時代の戦場では、敵対地域の人々が進駐軍に保護を求めてきた場合、進駐軍は「禁制《きんぜい》」とよばれる文書や木札をその地域に発行して、少なくない対価と交換に保護を約束してやるという習俗があった。そのため禁制には、自軍に向けて「この地域で濫妨狼藉《らんぼうろうぜき》や放火、陣取りなどを行わぬように」との禁止事項が箇条書きされるのが定型だった。じつは、秀吉は朝鮮出兵に先立ち、征服した地域に下賜《かし》するため、この禁制を大量に作成し、配下の大名に配布していたのである。その現物は現在も残されているが、たしかに「高麗国」宛ての宛名をもつ禁制で、そのほかは書式・文面すべて日本国内の禁制と呆れるほど異なるところがない。秀吉は国内戦争で関東の後北条氏領国を制圧したときなどとまったく同じ発想で、まったく同じ形式の文書をもって、対外戦争に臨んでいたのである。しかし、常識的に考えて、禁制の習俗を知らない朝鮮人が日本軍に対して禁制の発行を願い出ることは、まずありえないだろう。また、そこには異民族に支配された朝鮮人の心理的な抵抗感などもまったく顧慮されていない。

加えて、加藤清正などは朝鮮の征服地に日本国内同様の検地を行っているし、安国寺《あんこくじ》恵瓊《えけい》（?〜一六〇〇）も朝鮮人の子どもを集めて「いろは」を教え、髪型も日本風に改めさせて、召し使っていた。秀吉も、その配下の武将たちも、それが〈文化〉のちがう異国での戦争であるという自覚のないまま、国内戦争の延長でこの戦いを進めていたのである。この時代、のちの時代のナショナリズムのような国家意識・民族意識はさすがになかったが、彼我のちがいを自覚した国土観・国境観は明確に存在していた。しかし、彼らはそれをついに自覚することのないまま隣国に攻め込んでしまったのである。

実際、戦略的にみても、真剣に朝鮮半島を征服して、その地の人民を永続的に支配しようと考えるならば、その彼らに対して耳鼻削ぎを行うというのは明らかに逆効果である。むしろ朝鮮民族に憎悪と敵意を植えつけ、敵側に走らせる軽率な行為だったといわざるをえない。耳鼻削ぎの〈文化〉を共有しない人々の目に、それがどれほど冷酷非情な行為に映るかという想像力を欠いたまま、耳鼻削ぎの〈文化〉は海を越えて持ち出されてしまったのである。

第四章

「未開」の国から、「文明」の国へ

正徳4年（1714）刊行の『諸家高名記』巻之一（国立国会図書館蔵）より、石田三成の使者が、無実の罪で鼻を削がれる場面。氏家幹人『江戸時代の罪と罰』（草思社、2015年）参照。

一　秀吉政権のもとで帯びる〝見せしめ〟の意味

中世から近世へ

天正《てんしょう》一八年（一五九〇）、豊臣秀吉が小田原北条氏を滅ぼしたことで、実質的に天下統一は完成する。以後、朝鮮出兵という対外戦争のほか、関ヶ原の戦い、大坂の陣、島原の乱といった断続的な内戦は起こるものの、中世以来の慢性的な紛争状態は国内的には解消し、「天下泰平」を謳歌する江戸時代（近世）へとつながることになる。この「中世から近世へ」の転換がもつ意味は大きく、この時期をさかいに社会全体が「戦争から平和へ」、あるいは「自力救済から裁判へ」、あるいは「呪術から合理主義へ」と大きな転換を遂げることになる。いわば、現在の私たちが「常識」とする制度や感覚が、このときになって日本史上にようやく姿を現してきたのである。その意味では、このときの転換は「中世」と「近世」という時代の区切れ目の一つにとどまらず、社会全体が「未開から文明へ」と変貌を遂げたという点で、日本史上でも稀有な一大転換点であったとすら許することができる。

本書が主題とする耳鼻削《そ》ぎの習俗についても、ことは同様で、やはりこの時期に大きな変化がみられた。現在の私たちが「耳鼻削ぎ」と聞いて、「気持ち悪い」とか「グロテスク」と感じるような感性が、この頃をさかいに徐々に浸透していったのである。

では、中世以来の耳鼻削ぎのシンボリズムは、この時期、どのように変容したのだろうか？　また、「泰平の世」の到来とともに、最終的に耳鼻削ぎ習俗はどのようなかたちで終焉を迎えていったのだろうか？　本章では、以下、戦国時代以降の耳鼻削ぎ習俗の展開を追いながら、「中世から近世へ」の一大転換点で、耳鼻削ぎ習俗がどのように変貌していったのか、追いかけてみたい。

聚楽第落書事件

まずは、朝鮮へ耳鼻削ぎ習俗を大規模に持ち出した、かの豊臣秀吉の行った国内での耳鼻削ぎ刑の様子からみてみよう。

天正一七年（一五八九）二月のある日、京都における秀吉の居城である聚楽第《じゅらくてい》の南の鉄《くろがね》門に「落書《らくしょ》」が書かれた。その内容は「殿下の儀」、つまり関白殿下、秀吉個人を揶揄《やゆ》したものであったらしい。当然ながら、ことの性格からして犯人が誰かはわからない。しかし、翌月、秀吉は腹いせからか、その管理責任を問い聚楽第の門番衆七人を死刑に処している。その処刑法は残忍なもので、一日目に彼らの鼻を削ぎ、二日目に耳を切り、三日目に逆さ磔《はりつけ》にするというものだった（『鹿苑日録《ろくおんにちろく》』『多聞院日記《たもんいんにっき》』）。そもそも、実行犯でもない者たちに対する処罰として、この処刑は常軌を逸したものだが、それを差し置いても、ここで秀吉が行った処罰内容は中世以来の耳鼻削ぎの伝統を大きく逸脱したものだったといわざるをえない。

まずなにより、そこには中世以来、耳鼻削ぎ刑は女性に対して行われるべきものだという、本書で縷々《るる》述べてきた耳鼻削ぎのジェンダー性がうかがえない。ここで耳鼻削ぎに処された者たちは、もちろん全員男性である。

また、耳鼻削ぎ刑の本質であった人命救済措置としての意味合い、その性格もここでの処罰からはまったくみることはできない。彼らは耳鼻削ぎをされたうえに処刑されてしまっているのである。そこには人命救済措置というよりは、罪人を死刑にするだけでは飽きたらず、さらに責め苛《さいな》むことによって肉体的・精神的苦痛をあたえるという意図が明白にうかがえる。あるいは、それを見る者たちに恐怖の念を植えつけ、あらかじめ政権に対する反逆の芽を摘もうという意図もあったかもしれない。いずれにしても、これまでの耳鼻削ぎ刑には確認できない特異な発想である。

しかし、秀吉はこうした新たな発想にもとづく耳鼻削ぎをその後も多用していく。翌天正一八年（一五九〇）、小田原の北条氏討伐に遠征した秀吉は、その陣中でおのれの意に沿わない茶人・山上宗二《やまのうえそうじ》（一五四四～九〇）を殺害している。山上宗二は千利休《せんのりきゅう》（一五二二～九一）の高弟の一人として著名な人物であるが、秀吉の逆鱗《げきりん》に触れた宗二は耳鼻を削がれたうえに処刑されたと伝えられている（『長闇堂記《ちょうあんどうき》』）。

二十六聖人殉教事件

慶長《けいちょう》元年（一五九六）一二月には、秀吉は長崎で二六人の宣教師・信徒らを処刑している。いわゆる「二十六聖人殉教事件」である。これよりさき天正一五年（一五八七）に秀吉はバテレン追放令を発して宣教師の布教を禁じていたが、それに加えてこの一〇月、土佐国《とさのくに》（現在の高知県）に漂着したスペイン船、サン・フェリペ号の積荷の処遇をめぐる軋轢《あつれき》から、直接的な宣教師の弾圧に踏み切ったのである。このとき、秀吉は京都で捕らえた宣教師ら二四人の鼻を削いだとも、左右の耳を削いだともいわれている（『義演准后日記《ぎえんじゅごうにっき》』『言経卿記《ときつねきょうき》』）。その後、彼らは罪人同様に「雑車《ぞうしゃ》」に乗せられ、京都市中を引き回されたうえ、一カ月かけて大坂・堺を経て長崎に送られ、処刑されている。この日本史上最初の本格的キリスト教弾圧事件として知られる「二十六聖人殉教事件」についても、そこで行われた耳鼻削ぎは宥免刑《ゆうめんけい》や女性に対する刑罰というよりは、死刑の付加刑、あるいは残虐刑としての性格が濃厚である。

このほかに、処刑までにはおよばなかったものの、秀吉が国内で行った耳鼻削ぎの事例は数多い。たとえば、天正一四～一五年（一五八六～八七）に行われた九州遠征では、薩摩屋宗シツなる商人が勝手に従軍してきたのを怒り、秀吉は耳と鼻を切り落としたうえで彼を追放に処している（フロイス『日本史』第二部九四章）。この薩摩屋宗シツについては、ほかに所見もなく、何者であるかは不明であるが、あるいは「薩摩屋《や》」という屋号《ごう》からして、さきの茶人・山上宗二（薩摩屋宗二）の耳鼻削ぎと混乱した情報かもしれない。

また、天正二〇年（一五九二）九月、「女犯」の罪を犯した仁和寺《にんなじ》門跡が、本来なら死罪になるべきところを一命を許され、豊臣政権の京都奉行である前田玄以《げんい》（一五三九～一六〇二）によって「耳を打ち」追放にされたという話も伝わっている（『多聞院日記』）。この話などは、相手が僧侶であるうえ、死罪になるところを宥免されて耳鼻削ぎにされている点など、中世以来の耳鼻削ぎ刑の伝統に忠実な措置ともいえる。そう考えれば、あるいは、さきの宣教師たちに対する耳鼻削ぎや山上宗二に対する耳鼻削ぎも、最終的に処刑されてしまったとはいえ、彼らが耳鼻削ぎに遭ったのには、彼らが宗教者・出家者であるという理由もあったのかもしれない。

とはいえ、秀吉は対外戦争のみならず、国内での刑罰でも耳鼻削ぎを多用しており、彼こそは日本史上最大の耳鼻削ぎの実行者であった。しかも、彼の行った耳鼻削ぎ刑は前代以来の人命救済措置としての意味合いを踏み越え、「見せしめ」として、いたずらに乱用されるものとなっていた。しかし、それはどうも秀吉一人が発案したものではなかったらしい。

甲斐武田家の歴史を記した有名な軍記に『甲陽軍鑑《こうようぐんかん》』がある。そのなかに、天文《てんぶん》一六年（一五四七）、関東牢人の赤口関左門という者と、上方牢人の寺川四郎右衛門という者が口論した話が出てくる（巻一七）。武田信玄は、この二人を捕らえ、彼らの「耳鼻をかきて、諸侍にみせ」た後、斬首にしている。『甲陽軍鑑』は同時代史料ではないため扱いには注意を要するが、この逸話には戦国時代の一定の史実が反映されている可能性はあるだろう。ここで行われている耳鼻削ぎ刑も、秀吉と同様、人命救済措置というよりも、「見せしめ」としての性格が顕著である。戦国後期以降、戦場での耳鼻削ぎが急激に一般化していった。「見せしめ」としての耳鼻削ぎ刑も、決して秀吉個人の創案によるものではなく、そうした戦国時代の風潮のなかから生まれ出たものと考えるべきなのだろう。

ただ、その一方で宗教者に対して執行されるという点では、秀吉の耳鼻削ぎも前代の伝統をとどめており、なお過渡的な性格を宿《やど》していたともいえる。戦国争乱をくぐり抜け、このとき耳鼻削ぎの歴史は大きな「曲がり角」にさしかかっていたのである。

不受不施派弾圧事件

秀吉から顕著になった耳鼻削ぎの乱用は、その後、江戸前期の幕府や藩にも受け継がれてゆく。

慶長一四年（一六〇九）二月、徳川幕府は、日蓮宗《にちれんしゅう》の僧侶・日経《にっきょう》（一五六〇～一六二〇）らを京都六条河原で耳鼻削ぎに処している。日蓮宗不受不施派《ふじゅふせは》であった日経らは、かねてから法華経信者以外から施しをうけることも、信者以外に供養を授けることも頑《かたく》なに拒否していた。どんな政治権力であろうとも不受不施の姿勢を貫いていた彼らは、そのために江戸幕府からたびたび厳しい弾圧をうけることになる。このときも彼らの身柄は江戸から京都に回送され、京都市中を引き回されていたが、日経はなおも反骨の姿勢を貫き、引き回されながらも「祖師日蓮《にちれん》も鎌倉幕府によって捕らえられ流罪にされた。われらもそれと同じ目に遭うとは、宗旨にとって光栄なことである！」といった放言を続け、さらに他宗派への批判もやめることがなかった。そのため、幕府は刑吏らに彼らを耳鼻削ぎにするように命じ、日経は耳と鼻を削がれ、連源《れんげん》以下五人は鼻だけを削がれることになる。

ところが、そのうちの一人、琳硯《りんけん》は六条河原の土壇場にいざなわれても、なお反権力的な発言をし続けた。これを忌々しく思った刑吏たちは、あえて琳硯の鼻を深く削ぐことで、彼の言動を封じようとした。鼻を深く削がれた琳硯は激痛に耐えかね、その場で悶死したと伝えられている（『坂日記《さかにつき》』『当代記《とうだいき》』）。その後、琳硯を除く、日経ら五人は丹波《たんば》国（現在の京都府北部）に追放されるも、その地の代官にも迫害され、加賀《かが》国（現在の石川県南部）金沢など居所を転々としたすえ、やがて日経は一一年後に越中国婦負郡《ねいぐん》で六一歳で没する。以後、江戸幕府は日蓮宗不受不施派をキリスト教とならんで邪教と位置づけ、約三〇〇年間、宗教弾圧の対象としていくことになる。

これもまた、さきの「二十六聖人殉教事件」とならんで、近世権力のイデオロギー的な不寛容さを示す、胸が悪くなるようなエピソードである。しかし、冷静になって分析してみると、ここにもまた耳鼻削ぎの文化史を考えるうえで興味深い問題が隠されている。一つは、刑吏に憎まれた琳硯が鼻を深く削がれて死んだというくだりである。かねて私は、止血や縫合技術のなかった時代、耳や鼻を削がれて、人間は生きていけるのか、というのが大きな疑問だった。ところが、このエピソードをみると、刑吏たちは死なないていどに浅く鼻を削ぐという技術をもっていたらしいことがわかる。おそらく彼らは鼻を削ぐにしても、どのていどの削ぎ方ならば一命をとどめ、どのていどなら致命傷になるのかということを経験的に熟知していたにちがいない。であるからこそ、深く削がれた琳硯は悶死し、通常の鼻削ぎに処された日経はその後一一年も生きたのだろう。

ちなみに、鼻削ぎ刑は近世のアイヌ社会でも行われており、明治時代に和人によって撮影された、鼻を削がれた男女のアイヌ人の古写真が現存している（次ページ参照）。そ

「鼻をそがれし男女」。説明には「アイヌ間に行はれし鼻そぎの私刑はこれを最後とす」とも書かれている。なお、この写真は、アイヌ語の研究で名を馳せた金田一京助所蔵のものだという（宮武外骨『宮武外骨之著作集 I　私刑類纂』より）。

しれを見ると、当時の鼻削ぎは決して鼻全部を切り落とすわけではなく、鼻の梁骨《りょうこつ》を残して小鼻と鼻頭を切り落とすものであったことがわかる。日本中世・近世に行われていた鼻削ぎも、おそらく同様のものだったのではないだろうか？

そしてもう一つ、一見、残虐にみえる不受不施派のエピソードも、彼らは（琳硯を除いて）命までは奪われていないこと、そしてなにより彼らが宗教者であることを考えると、これも中世以来の耳鼻削ぎ習俗の範疇《はんちゅう》で説明することもできそうである。秀吉以降、残虐刑としての性格を帯び、また適用事例も拡大する傾向にありながら、なおこの段階までは耳鼻削ぎに中世以来の伝統は存続していたのである。

二　江戸幕府誕生と諸藩に広がる耳鼻削ぎ

「幕藩体制」とは？

江戸時代は「幕藩体制」といわれるとおり、江戸幕府が全国を統合しつつも、三〇〇近い各藩がそれぞれ領内に独自の統治を敷いており、幕府と藩が複合的な統治をしていたところに特徴がある。裁判や刑罰についても、藩ごとにさまざまな伝統や実態をもっており、単一の説明をあたえることはできない。

たとえば、これから紹介する秋田藩・会津藩・相馬中村藩・福井藩・岡山藩・広島藩・土佐藩、ほかに長岡藩や金沢藩・和歌山藩などでは公的に藩の刑罰として耳鼻削ぎ刑が採用されていたが、一方で盛岡藩・熊本藩などでは耳鼻削ぎ刑が行われた形跡はない。耳鼻削ぎ刑を採用している藩と不採用の藩の基準は明確ではなく、東日本か西日本か、あるいは外様大名か譜代大名か、といった区分とはいっさい無関係だったようである。

では、江戸時代では、それぞれの藩ごとに耳鼻削ぎにどのような意味が込められていたのだろうか？　それは、中世までの耳鼻削ぎとはどこが同じで、どこがちがうのか？　いくつかの藩の事例を追いながら、みていくことにしよう。

中世の終焉——岡山藩の場合

まず、耳鼻削ぎをはじめとして、近世初期の藩政下の刑罰の状況が最もよくわかるのが、池田家の岡山藩である。岡山大学附属図書館「池田家文庫」には、『刑罰書抜《けいばつかきぬき》』という寛永《かんえい》一九年（一六四二）から寛政《かんせい》九年（一七九七）にかけての、全一一冊の膨大な判例集が残されており、それにより岡山藩での犯罪や刑罰の具体像がわかる（『岡山県史　岡山藩文書』所収）。それを見ると、岡山藩での耳鼻削ぎ刑の執行例は、およそ六〇件前後も確認できる。ここまでの執行例が追跡できる藩はほかになく、岡山藩関係史料は耳鼻削ぎ研究には格好の素材といえるだろう。

それらの事例のうち、初期のいくつかの事例には、盗犯に対して「命を助け、鼻を切る」といった表現が確認できる（明暦《めいれき》元年〔一六五五〕六月一七日条、万治《まんじ》元年〔一六五八〕九月二八日条）。ここから、岡山藩でも耳鼻削ぎが人命救済措置であるという中世以来の伝統が、少なくともその初期までは姿をとどめていたことがわかる。

では、耳鼻削ぎ刑に遭う人の性別はどうだったのだろうか？　単純にカウントしてみたところ、耳鼻削ぎ刑をうけた事例のうち、女性に対するものは一〇件だった。約六〇件中一〇件(約一六%)であるから、(当時、女性犯罪が少ないということを勘案しても)決して女性の比率が優越しているとはいえそうにない。

具体的な事例としては、わずかに寛文《かんぶん》一二年(一六七二)一二月に父親を殺害した女性が追放にされているが、そのさい「女の事に候間、命を助け追放つかまつるべき事」という記述が見える。「女性であることを理由に死刑を避け、追放に処した」という趣旨で、ここには女性への死刑を忌避するという発想はうかがえるものの、その結果、科せられた刑罰は追放刑であって、直接に耳鼻削ぎ刑が有免刑であったというわけではなさそうだ。

また、貞享《じょうきょう》三年(一六八六)一〇月にわが子を殺した夫婦に対する処罰は、夫は片耳を削ぎ、身柄は村へ預け置き、妻は耳鼻を削ぎ、やはり身柄は村へ預け置き、というものだった。ここでも夫婦それぞれが耳鼻削ぎにされているわけだから、とくに女性であるから耳鼻削ぎという発想はうかがえない。どうも、さきの豊臣・徳川政権と同じく、岡山藩でも中世以来の「耳鼻削ぎは女性のための刑罰である」という意識は受け継がれていないようだ(ちなみに、宗教者への耳鼻削ぎ刑の事例についても、『刑罰書抜』では一例も確認できない)。

他藩の事例をみても、少なくとも耳鼻削ぎが女性に対する刑罰であるという意識は、近世には受け継がれなかったとみるべきようである。

一郡まるごと耳鼻削ぎ――広島藩の場合

宣教師ルイス・フロイスが日本には「耳削ぎ刑は存在しない」と誤認していたように、中世段階では耳鼻削ぎは決して一般的な刑罰ではなかった。ところが、秀吉以降、日本各地の大名領国で耳鼻削ぎは多くみられるようになる。江戸前期の諸藩の動向を追ってみても、やはり耳鼻削ぎの適用は中世よりもはるかに拡大していたことはまちがいない。

広島藩主であった福島正則は、佐東郡《さとうぐん》（現在の広島市）の村々が洪水により被害をうけたため、年貢三〇〇〇石のうち五〇〇石を免除していた。しかし、あるとき正則が広島城の天守から佐東郡を眺めてみたところ、村々の被害はそれほどではないことに気づく。あらためて検地を実施させたところ、はたして被害相当分の年貢はせいぜい二〇〇石ていどであることが判明した。正則は「憎きやつ」と言って、村々の庄屋や組頭六人を磔にし、その妻子も一人も残さず鼻削ぎに処した。このエピソードを記した『福島太夫殿御事《ふくしまたゆうどのおんこと》』という比較的信頼度の高い史料によれば、これにより「近き頃まで」佐東郡では鼻を失った者がみられたという。

福島正則と佐東郡にかかわる逸話は、似たようなものがほかにもある。文政《ぶんせい》二～五年（一八一九～二二）に編纂された広島藩の地誌『知新集《ちしんしゅう》』によれば、佐東郡の百姓たちはかねて素行が悪かったらしい。彼らは山賊を行ったり、牛馬を他郡に放しておいて、それを捕まえた者に因縁をつけて金品を奪ったり、娘を嫁がせた先や子どもを奉公に行かせた先から金銭をせびる、ということが絶えなかった。正則はついにこれに怒り、大軍を差し向けて佐東郡の「男女童一万人」の鼻を削いで追放したうえ、安芸《あき》国中に高札を立て、鼻のない男女との売買や交渉をいっさい禁じたという（『新修広島市史 第六巻』所収）。

話の舞台がさきのエピソードと同じ佐東郡で、為政者が福島正則であるという点も奇妙に一致している。『知新集』は『福島太夫殿御事』よりもだいぶ後世に編纂された史料であるから、これは前の話をもとに潤色された逸話かもしれない。いずれにしても、福島正則時代に佐東郡の百姓に対してなんらかの理由で大規模な鼻削ぎが行われた事実を反映した逸話といえるだろう。一郡の住人、老若男女まるごと耳鼻削ぎという話は、ほかに類例がなく、にわかには信じがたいが、そうしたことも辞さないのが近世権力の耳鼻削ぎ刑の特徴なのかもしれない。

法定刑のなかの耳鼻削ぎ――土佐藩の場合

土佐藩では、二代藩主の山内忠義《やまうちただよし》（一五九二～一六六五）の頃、慶長一七年（一六一二）閏《うるう》一〇月に「定法度条々《さだむはっとじょうじょう》」という七五カ条の藩法を定めている（『山内家史料 忠義公紀』)。このうち四カ条に刑罰としての耳鼻削ぎが確認できる。

まず第二五条では、百姓や下人が田畑を捨てて逃亡した場合、逃げ込んだ先の村の庄屋などは無条件に逃亡者を引き渡すようにと定めている。そして、もしそれに応じない場合は両耳を削いで追放に処するとされている。

第二六条でも、逃亡者を匿《かくま》った者は銀二枚を罰金として支払い、それが支払えない場合は両耳削ぎとし、逃亡者と知らずに一夜の宿を提供した者は銀一枚、それが支払えない場合は片耳削ぎと定めている。

第三四条では、逃亡した百姓・奉公人自身への罪と、それを幇助《ほうじょ》した者の罪が規定されているが、それは両耳と鼻を削ぐ、というものだった。

第七三条では、盗賊から盗品を預かったり、盗賊を宿泊させたりした者への罪として、やはり両耳削ぎと鼻削ぎが規定されている。

総じて土佐藩での耳鼻削ぎ刑は、重大犯罪に適用するものではなく、それを幇助した者に対する刑罰と位置づけられていたようだ。量刑も犯罪への関与の度合いに応じて、片耳→両耳→両耳と鼻、というように段階的に重くなっていくところが興味深い。中世の耳鼻削ぎは「死刑の一段階軽い罰」というていどの漠然とした位置づけしかあたえられていなかったが、近世に入り耳鼻削ぎが積極的に行われるようになるにつれて、その位置づけは法的により厳密なものになっていったことがわかる。さきに死刑とそれ以外の刑のあいだの落差を埋めるためにも肉刑が必要とされたという中国史上の議論を紹介したが、この土佐藩での耳鼻削ぎの位置づけはまさにそれに応えるものだったといえるだろう。

死刑よりも重い罰――秋田藩の場合

佐竹氏の秋田藩では、江戸初期から領内の院内銀山《いんない》（現在の秋田県湯沢市）の開発を進めていた。その様子は銀山経営をまかされた奉行・梅津政景《うめづまさかげ》（一五八一～一六三三）の日記にくわしい。そのなかに耳鼻削ぎの記述も散見される。

当時の院内銀山の採掘は囚人や流れ者などを動員して行われていたが、彼らのなかにはときおり過酷な労働に耐えかね、金品を盗んで逃げ出す者もいた。たとえば慶長一七年（一六一二）九月、田名部《たなぶ》の市左衛門という囚人は、牢を破り、銀山から逃走したが、途中で政景の配下の者たちの待ち伏せに遭い、あっさり捕まってしまう。政景の日記によれば、捕まった市左衛門はすぐに耳と鼻を削がれ、銀山の間歩《まぶ》（鉱道）入り口まで連れ戻され、そこで死罪に処されたという。

また、同年四月、他人の女を連れて脱走を図った越前の七右衛門は「指・鼻・耳もぎ」、それを首からぶら下げて、町中を引き回されたうえで処刑されている。また、採掘した鉛を勝手に持ち出し売却しようとした石見《いわみ》の甚吉・半左衛門・与三郎の三人も、同年一二月に同じく「耳・鼻・指をもぎ」、町中を引き回したうえで処刑されている。いずれも、さきの秀吉の事例と同様に「見せしめ」としての性格が濃厚に現れている。

とはいえ、耳鼻削ぎはつねに死刑の付加刑であったわけではない。同年六月、銀を盗んで逃げた鉱夫と知らずに通行証をあたえる世話をしたうえ、途中まで同道してしまった若松の彦八郎と豊後の太郎左衛門の二人は、「耳・鼻をかき」、山中を引き回したうえで追放処分とされている。この場合は、ほかと同じく死刑より一段軽い刑として耳鼻削ぎが選択されているといえるだろう。

しかし、全体的な傾向として、鉱山という閉鎖的な場で、相手が囚人ということもあって、ここでは同時代の他所と比べても、かなり厳罰主義の傾向がみられる。政景の日記を見るかぎり、慶長一七～一九年の実質二年間で銀山内での耳鼻削ぎ刑は計一八人に執行されているが、そのうちほぼ半数の八人は耳鼻削ぎのうえに死刑となっている。これは、さきの秀吉の事例と同様、死刑だけでは飽きたらず、それに肉体的・精神的苦痛を付加する目的で選択されたものといえるだろう。また、それを見る人々に一定の恐怖心を植えつけ、類似の犯罪を防ぐという「見せしめ」としての効果も考えられる。

「見せしめ」と地域社会――福井藩と岡山藩の場合

そうした「見せしめ」の効果を耳鼻削ぎに期待するというのは、もちろん中世社会にもあっただろうが、近世社会の事例をみるかぎり、それがより強化されている印象をうける。

福井藩でも、元禄《げんろく》四年（一六九一）に制定された基本法典「御用諸式目《ごようしょしきもく》」で、博奕打《ばくち》ちは鼻削ぎのうえ領国から追放、小盗人には顔に焼印を押し、巾着切《きんちやくきり》（スリ）は指切と定めている。ここにも土佐藩同様、耳鼻削ぎ刑が法定刑のなかで明確な位置づけをあたえられていることがみてとれる。

しかし、福井藩の耳鼻削ぎは、これ以前からも行われていたらしく、万治三年（一六六〇）九月に領内の村々に配布された法令「郷中法度請書《ごうちゅうはっとうけしょ》」には、次のような条文も見られる（上田重兵衛家文書、堀田五左衛門家文書。本史料は請書の形式をとった法令である）。

一、鼻あるいは耳をそがれ、あるいは面ニ火印などこれある者には、在家ならびに寺社、同門前茶屋以下にいたるまで一切宿貸し申すまじく候。左様の者これあり候はば、村送りニいたし、御国の外へ追ひ払ひ申すべく候。

つまり、鼻や耳を削がれた者を村内に宿泊させないことを、村や町に命じているわけである。下って寛文八年（一六六八）二月に今立郡《いまだてぐん》岩本村から藩に提出された法令請書にも、「一、耳鼻をそがれ申すものニハ、一切宿借シ申すまじく候事」という一条があり、同趣旨の誓約が村側からなされていたことがわかる（岩本区有文書）。

福井藩では、耳や鼻を削ぐだけでなく、そうした元犯罪者が地域社会に舞い戻ることを警戒しており、犯罪者の領外への追放にあくまでこだわっていたのである。逆にいえば、耳や鼻を削ぐ行為は、藩と領民にとって、前科を隠して人知れず領内に舞い戻ろうとする元犯罪者を識別するうえで有効な目印でもあった（以上、『福井県史』資料編3・6・7所収）。

いうまでもないことだが、そこには犯罪者の更生などという発想はまったくない。むしろ、それとは逆に、忌まわしい犯罪者の存在を領内から抹消するということに最大の力点がおかれている。むろん、その元犯罪者が領外で新たな罪を重ねようが、罪を悔い改めて更生しようが、そんなことは知ったことではない。ここには、刑罰というものに「穢《けが》れ」の除去の意味を求め、諸悪の根源をとにかく排除するということを第一義としていた中世荘園の本所法《ほんじょほう》の思想に近い発想がある。

ところが、岡山藩は耳鼻削ぎ刑の目的を、福井藩とはまったく正反対のものに求めていた。たしかに岡山藩でも藩政初期の頃は、耳鼻削ぎ刑に処した者は基本的に領外に追放されている。ところが、そうした事例に混じって、寛文七年（一六六七）頃から耳鼻削ぎに処した犯罪者の身柄を、その「親の在所」や「生所」（出身地）や住んでいた村や町に預け置くという事例も目につくようになる。そこには犯罪者を肉親や出身共同体の管理責任に委ねるという発想もあっただろうが、どうもそれだけではなかったようだ。
寛文八年（一六六八）九月、同性愛のもつれから二人の男が口論におよぶという事件が岡山藩内で起きている（江戸初期には男の同性愛は決して珍しい話ではない）。これに対し、藩は一方の男を鼻削ぎにし、他方の男を耳削ぎにしたうえで、双方の身柄はそれぞれが居住する町に預け置くという判決を下している。その判決の理由を『刑罰書抜』は、次のように説明している。

惣じて他国の者は格別。当国の者、鼻・耳・指など切り、他国え追放候儀はこれあるまじき旨、前々より度々御意なり。そのうへ、形に疵《きず》つけ候者、その所に居り候へば、永くその戒めになり候につき、おほかたの儀にては形に疵つけ候者をば追放仰せつけられざるなり。

つまり、他国の者ならば構わないが、当国の者を耳鼻削ぎや指切りにした後、他国へ追放するのはいかんというのは、以前からの「御意」である、というのだ。「御意」と書いているところからすると、この指示は藩主である池田光政（一六〇九～八二）の意向によるものであろう。池田光政は、藩校である花畠教場《はなばたけきょうじょう》や閑谷学校《しずたにがっこう》を全国に先駆けてつくるなどして、開明的な藩主、「名君」として知られている。しかし、その一方で極端な神仏分離政策を敷くなど、その治世にはイデオロギー的な偏りもみられた。おそらく彼は、ひとつには藩の体面上の問題から、処罰の結果、不具となった元犯罪者を領外に出すことを嫌ったのだろう。

しかし、耳鼻を失った者を領内に留め置くことの真のねらいは、そこにはなかった。さらに『刑罰書抜』の続きには、外見に傷を負った者がその場所にいれば、似たようなことを仕出かそうとする者たちに対して、以後の戒めとなるだろうから、鼻削ぎや指切りにした者は領外へ追放しないのだ、とも書かれている。ここには明白に「見せしめ」としての発想がうかがえる。つまり、福井藩の対応からもわかるとおり、犯罪者は領外へ追放するというのが中世以来の本来のあり方だったのに対し、逆に領内にとどめて人々の戒めにしようという「見せしめ」の発想は近世に入ってから、新たな効果を期待して岡山藩などの「開明的」な藩で採用された方式だったのである。ここにも中世と近世の断絶をみてとることができる。

〝やさしさ〟の行方

以上、断片的な事例ばかりであったが、ここからおおよそ江戸初期〜前期の諸藩の耳鼻削ぎの状況はご理解いただけたのではないだろうか。それ以前の中世との比較を主眼にして、その特徴を整理するなら、だいたい以下のような点が指摘できるだろう。

（1）中世以来の「女性に対する刑罰」という認識はほとんどうかがえない。
（2）中世より大規模かつ頻繁に執行されるようになる。
（3）厳密な法定刑としての位置づけがあたえられる。
（4）死刑に処される者に、より肉体的・精神的苦痛をあたえるためにも選択される。
（5）「見せしめ」（前科者の識別記号）としての意味合いも帯びる。

大きくまとめれば、近世に入ると、「耳鼻削ぎは女性や宗教者に対する刑罰である」という中世までの認識は失われ、逆に「見せしめ」のための残虐性が前面に押し出されていったといえる。人命救済措置としての意味合いを失い、「見せしめ」としての性格を強めていった耳鼻削ぎ――。明らかに中世までの価値観は変容を遂げていたのである。

では、なぜ近世初期の権力者たちは、このような方向に進んでしまったのだろうか？耳鼻削ぎにかぎらず、戦国期〜近世初期の権力の行う処罰が専制主義的な傾向や厳罰主義的な傾向を帯びていたことは、これまでの法制史研究でも繰り返し指摘されてきたことである。たしかに、この時期の政治権力は、それ以前に比べて斬首や肉刑などを採用することが多くなり、その判断も専断的な傾向を帯びるようになる。また、磔や鋸《のこぎり》引き、釜ゆで、火炙《あぶ》りなど「見せしめ」「見懲《こ》らし」を意識した残酷な刑罰を行うようになるのも、この時期の権力の特徴である。さらにいえば、喧嘩両成敗法や鉄火起請《てっかぎしょう》（焼けた鉄片を持って火傷《やけど》の度合いで正邪を決める神明《しんめい》裁判）といった一見乱暴で非理性的な紛争解決法も、この時期に積極的に採用されている。

そのため、古典的な法制史研究では、専制主義や厳罰主義はこの時期の権力体の特徴とされ、この時期の権力はそうした残虐な刑罰を科すことで人々を畏怖させ、それにより治安の回復を図ろうとしたのだ、と説明されてきた。これを研究用語で「一般予防主義」とよぶ。その説明にもとづけば、この時期に耳鼻削ぎが多用されたというのも、同じく「一般予防主義」の発想によるものといえるだろう。

しかし、近世権力は決して何もないところから、そうした特殊な裁定方法や過激な刑罰を考案したわけではない。喧嘩両成敗法も鉄火起請も、じつはいずれもそれ以前から地域社会や民衆世界に基盤をもつものであった（詳細は、拙著『喧嘩両成敗の誕生』講談社選書メチエ、『日本神判史』中公新書を参照）。それらは前代からの伝統ある紛争解決法であり、彼らは適正な紛争解決法であるかどうかよりも、多くの人々により合意を得やすい措置であることを重視して、それらを採用していたのである。だから、もし、この時期の政治権力が〝残酷〟であるというならば、それは中世以来の民衆世界の〝残酷さ〟をすくい上げるかたちで成り立った〝残酷さ〟だったのである。

同様に、「見せしめ」としての耳鼻削ぎ刑についても、それ以前の戦国時代からの影響を無視するべきではないだろう。そのさい、とくに大きな役割を果たしたと思われるのは、戦国時代の戦場で大規模に行われた耳鼻削ぎである。それまで、わずかに女性や僧侶に対する刑罰としてしか行われることのなかった耳鼻削ぎだが、戦国後期の戦場で、その適用は一気に拡大する。しかも、そこでの耳鼻削ぎはただ頻繁に行われるというだけではなく、その過程で一連のルールや作法まで生み出していき、人々のあいだに急激に身近なものとなっていった。近世初期の政治権力は、そうして身近に普及した耳鼻削ぎに「見せしめ」という新たな意味を見出して、刑罰として採用するようになったのだろう。その結果、耳鼻削ぎ刑は中世以来の人命救済措置としての〝やさしさ〟を失っていったと思われる。「見せしめ」としての耳鼻削ぎ刑の〝残酷さ〟も、時の政治権力の性格だけに由来するわけではなく、それ以前の社会から受け継いだ側面が大きかったのではないだろうか。

総じて中世社会では、公権力が定める法よりも民間で行われている慣習のほうが、過酷で乱暴な性格を帯びる傾向があった。つねに権力は横暴で、民衆は温和であったとはかぎらない。戦国期〜近世初期の権力は、中世の人々のあいだに潜在していた「未開」性に引きずられるようにして、それらを公的に受容していったのである。

三　耳鼻削ぎからの訣別——厳罰主義から寛刑主義へ

統一政権は強大なのか？

かつての法制史研究では、近世初期の権力が残虐かつ非理性的な刑罰や裁定を多用する理由を、統一権力の強大さから説明してきた。つまり、熾烈な戦国争乱を勝ち抜いた政治権力は、民衆支配に対しても強腰の姿勢で臨むことができた、というわけである。しかし、むしろ私は、この時期に多用される喧嘩両成敗法についても、鉄火起請についても、決して権力の強さの現れではなく、むしろ逆にその権力体の脆弱《ぜいじゃく》さを表したものだと考えている。その理由の一つには、さきに述べたように、それらが決して為政者のオリジナルの発案ではなく、前代からの伝統ある紛争解決法や刑罰だった点にある。彼らはなによりも、多くの人々の合意をより得やすい措置であることを重視して、一般に普及していた荒っぽい紛争解決法や刑罰を積極的に取り込んでいたのである。

また、もう一つとして、そうした恐怖心に訴える手法を使わなければ統治できないということは、それだけその権力体の基盤が弱いということでもある。当時の政治権力の側も、本来ならば正邪を理性的に弁別して、適正な措置を講ずるほうが望ましい、とは考えていた。しかし、確立して間もない政治権力の裁定や措置が多くの人々の支持を得るにはまだまだ状況は厳しく、さらなる統治に対する信頼と実績を積み重ねるための時間が必要とされていた。耳鼻削ぎ刑についても、けっきょく不安定な権力基盤を維持するうえで、当座は重宝なものと判断されたがゆえに活用されていたにすぎない。当然、政権の成熟とともに、その「見せしめ」刑としての露骨すぎる性格は、しだいに時代に合わないものになってゆく。

「名君」と耳鼻削ぎ

さきに岡山藩の「名君」池田光政が意外にも耳鼻削ぎの効果について独特の価値観をもっていたという話を紹介したが、同時代に池田光政に匹敵する名君として知られているのが、会津藩の保科正之《ほしなまさゆき》（一六一一～七二）である。藩政の立て直し、神道や儒教への傾倒など、二人には共通点が多い（池田光政と保科正之に徳川光圀《みつくに》を加えて、俗に江戸初期の「三名君」などともよばれる）。が、一方で保科も、池田と同様、耳鼻削ぎには独特の一家言をもっていた。

会津藩も他藩と同様、耳鼻削ぎを刑罰として採用していたが、それはかなりの部分、藩主・保科正之の主導によるものだった。その実態は、会津藩の正史『会津藩家世実紀』（吉川弘文館）にくわしい。

それによれば保科は、寛文五年（一六六五）九月には、密通をした男女に対して、男は「男根を切り」（！）、女は「鼻を鍛《たた》」く、と定めている。これは鼻削ぎを女性の刑罰としている点で、一見すると中世の伝統に回帰しているようにもみえるが、それはたぶん偶然で、男の男根切りと等価な罰を探しあぐねた結果、消極的な選択としてとられたにすぎないだろう。他藩と同様、会津藩にも耳鼻削ぎ刑のジェンダー性はうかがえない。それよりなにより、中世では類例のほとんどない男根切りという刑罰が考案されている事実に、私などは驚かされる（「勉強熱心」な保科は、おそらく中国の史書などからこれを学んだのだろう）。

そして、保科は寛文七年閏二月には、池田光政同様、やはり耳鼻削ぎに処した者を領外に追放することを禁じている。きっかけは、以下のような藩の重役たちからの進言を受け入れたためである。

> 耳鼻を鍛き、あるいは額に火印を押し候儀は、諸人見懲らしのために候へば、会津所生の者、この刑にいたし、他所へ追ひ出し候ては、その詮これなく候。ついては耳鼻を鍛き、または火印を押し候者は、そのままにてその所々え差し置かれ、いか

があるべきや。

理由は、池田光政とまったく同じ。耳鼻削ぎや焼印刑は「見せしめ」のためにやっているのだから、他所に追い出しては意味がない、これからはそうした刑に処した者はそのままその地で生活させるようにしよう、というのだ。ここにも、耳鼻削ぎが「見せしめ」として絶大な効果があるという認識がうかがえる。この重役たちの進言を、保科はさすがにその土地に置いておくことが害になるような人物ならば追放するのはやむをえないという条件をつけつつも、ほぼ受け入れることになる。以後、この決定は会津藩のなかで「土津様《はにつ》（保科正之）御代」の伝統として長く墨守《ぼくしゆ》されてしまうことになる。

耳鼻削ぎの終焉と「生類憐みの令」

耳鼻削ぎの「見せしめ」効果に絶大な期待をよせていた会津藩だったが、やがて時代は大きく転回していくことになる。五代将軍・徳川綱吉《つなよし》（一六四六〜一七〇九）は「生類憐み《しょうるいあわれ》の令」を出して、無益な殺生や流血を厳に戒める政策をとるようになる。かつて、この「生類憐みの令」は「悪法」の代名詞のように語られてきたが、現在の近世史研究では、殺伐とした戦国の遺風を断ち切り、平和と安穏の時代へと民衆を教化するための進歩的な政策であったという評価が定着している（一部に明らかな行き過ぎがあったことは認めねばなるまいが)。

実際、すでに関ヶ原の戦いから一〇〇年が経過していたものの、それまでは、なお江戸市中のあちこちで戦国の気風に強い憧れを抱く傾奇者《かぶきもの》たちが乱闘や反社会的な行動を繰り返していた。彼らは刀の鞘《さや》に「生き過ぎたりや二十五(歳)」などと書いて、その心意気を示したといわれるが、そこには死に場所を失い、平和な時代に長生きしてしまったという悔悟の念と戦国への憧憬がうかがえる。しかし、そうした風潮も、この元禄時代前後をさかいにして、徐々に沈静化してゆくことになる。そうした静かな転換に後押しされるかたちで、政策としての「生類憐みの令」も発布されていたのである。

かつて戦国を生きる男たちのあいだで愛された「衆道《しゅどう》」(男性の同性愛)が廃《すた》れていくのもこの頃のことであったし、男伊達を誇る髭《ひげ》の文化が廃れ、男たちがみな無髭になっていくのもこの頃のことであった。もはや戦乱の時代は遠い昔となり、徳川幕府の支配は磐石なものとなった。粗暴さや腕力が幅を利かせていた時代は終わったのである。まして、血なまぐさい見せしめ刑など、もはや誰からも歓迎されないものとなっていた。

仙台藩の『評定所格式帳《ひょうじょうしょかくしきちょう》』(東北大学法学部所蔵)には、次のような記述が見える。

以前は耳鼻を切り、額に火印をあて、または指を切り候儀、数多ござ候ところ、近年公儀にても左様の儀ござなきよしにつきて、元禄十一年以後、疵をつけ候お仕置きござなく候。

かつては耳鼻削ぎ刑、焼印刑、指切り刑と、いろいろ肉刑もやっていたが、最近では幕府でもそんな野蛮なことはやっていないらしいので、仙台藩では元禄一一年（一六九八）をもって肉刑は廃止した、というのだ。たしかに幕府も、この頃から鼻削ぎ刑を行わなくなっている。

ほかの藩をみても、どの藩もおおよそ元禄時代（一七世紀末）ぐらいまでに耳鼻削ぎは廃止しているようだ。膨大な判例を書き残してくれていた岡山藩の、あの『刑罰書抜』を見ても、元禄七年三月の事例を最後にして、耳鼻削ぎ刑の記述はなくなる。

耳鼻削ぎにかぎらず、幕藩体制の安定とともに幕府も各藩も、この頃になると従来の厳罰主義を捨て、全体として刑罰の度合いを軽減する寛刑化《かんけい》の方向へ舵を切ることになる。

「見せしめ」第一の厳罰主義から、人命尊重の寛刑主義へ。ここに幕藩体制は草創期の不安定さを克服し、次の新たな段階に入ったといえる。これを「文明」化とよぶことも、あながちまちがいではないだろう。そうした傾向のなかで、耳鼻削ぎ刑はしだいにその役割を終えることになったのだ。

時代に取り残される……

ところが、皮肉なことに、カリスマ藩主・保科正之の伝統に縛られていた会津藩では、その廃止の決断にいたるまでに喜劇的とさえいえる紆余曲折があった。

綱吉治世初期の天和《てんな》三年（一六八三）三月、五年前に会津藩で耳削ぎのうえ追放刑に処された作平という男が、ふらりと領内に戻ってきた。この頃には耳鼻削ぎのうえ追放という措置も会津藩では復活していたようだ。しかし一度追放とされた者が舞い戻ってきたら、次は死罪はまぬかれない。しかし、作平は五年のあいだ、東北・関東を巡歴したものの、耳のない前科者の彼を雇ってくれる者はどこにもいなかった。衣食に窮した作平はついに死罪を覚悟で、ふたたび故郷に足を踏み入れたのである。

作平に同情の余地はある。しかし、法度《はっと》に背《そむ》いた者を許容した結果、法度を舐《な》めて、似たようなことをする奴が続出するとまずい。いや、誅伐《ちゆうばつ》覚悟で舞い戻ってきた者を死罪にするというのはいかがなものか――と、会津藩内でも作平の処遇をめぐっては意見が割れた。

そのなかで、藩の重役たちの耳に驚くべき情報がもたらされた。

惣じて耳鼻鍛きの刑、他邦にこれ無し。この刑にあひ候者は「会津者」と唱へ、この節いづかたも改めつよく、なおもってその類、召仕ひ候者もこれなし。渡世も相成らざる趣、余義なきに候……。

なんと、当今、耳鼻削ぎ刑はわが藩のほか、よその藩ではもうやっていないというのだ。おかげで、耳鼻を削がれた者は他国の者から「会津もの」などとよばれる始末。最近はどこも取り締まりが厳しいので、そんな奴を雇おうなどという者もおらず、耳鼻削ぎをされた者は他国での生活もままならないらしい。作平も、そうしたなかで路頭に迷って、本国に戻ってきたようだ。「え、ウチだけなの……?」「会津もの、ってなんだよそれ……」、時代に乗り遅れた重役たちの驚愕《きょうがく》が目に浮かぶ。

そこで、これを機にわが藩でも耳鼻削ぎ刑を廃止してはどうかという議論になったのだが、そこでかの「土津様御代」の実績という権威が独り歩きをはじめる。「いま日本の刑法では死刑にする必要もない罪人が死刑になっているのに対し、われわれは罪の軽重により耳鼻を鍛くことで、死刑になる者たちを救っているのだ。耳鼻削ぎ刑は安易に廃止するべきではない」「だいたい耳鼻のない奴を『会津もの』なんてよぶのは、どこのどいつだ! これからは他国の奴らに『会津もの』なんて言わせないために、耳鼻を削いだ奴はしっかり領内にとどめて、見せしめとしての役割を果たさせろ」——といったお決まりの意見が出された挙句、結論は「土津様御代より仰せ付けられたることゆえ、前々のとおり成し置」(保科正之様の時代からやってきたことなのだから、これまでどおりでゆく）という旧例墨守に終わってしまった。

会津藩がようやく耳鼻削ぎ刑の廃止に踏み切るのは、それから一五年後の元禄一一年（一六九八）三月のことである。それ以前の元禄九年三月にも、じつは会津藩は耳鼻削ぎに処した者は他国には出さず、領内に留め置くようにという指示を再度出している。おそらく、周辺の藩が耳鼻削ぎ刑を廃止するなかで、会津藩だけがその後も耳鼻削ぎ刑を固守しようとする姿勢については、内外でたびたび異論が出ていたのだろう。しかし、それでも耳鼻削ぎ刑にこだわる会津藩を変えたのは、他藩主からの一言だった。

前年の冬、加賀藩主の前田綱紀《つなのり》（一六四三〜一七二四）から、江戸在駐の会津藩の重役たちに一件の問い合わせがあった。前田綱紀も、同時代から向学心旺盛な「名君」と謳われた人物である。問い合わせの内容は、キリシタンの取り締まりにからめて会津藩での刑法全般の実態についてだったが、そのなかに「耳鼻削ぎは保科正之公の時代のとおりに行っていますか？」という質問があった。

世間の流行をすでに把握していた重役たちは、おそらく侮られてはなるまいと思ったのだろう。「全般的には正之公の時代と変わりませんが、最近は耳鼻削ぎなどはやっていません」と、まったく虚偽の返答をする（実際は少なくとも二年前まで執行していたことはまちがいない）。しかし、好奇心にあふれる綱紀はこの返答に満足せず、さらに「焼印刑とか、入れ墨刑はやっていますか？」と質問を続ける。

さすがに適当な返答をするわけにもいかなくなった重役たちは、本国に確認の連絡を入れ、どのような返答が適切かと策を求める。問い合わせをうけた本国の重役たちはその返答のついでに、逆に江戸表の重役たちにかねて気になっていたある質問をする。「公儀（幕府）では、そうした肉刑は以前から行われていたはずではないのか？ 確認して教えてほしい」。この依頼をきっかけに独自のリサーチを行った江戸表のメンバーは、ついに「公儀においては、かやうの肉刑、前々よりこれ無き」という衝撃的な情報を入手することになる。

もはや、江戸幕府すらも耳鼻削ぎはやっていない！ この噂を知った藩主・松平正容《まさかた》（一六六九～一七三一）は、慌てて自分の名前で幕府老中・阿部正武（一六四九～一七〇四）に再度、事実関係を確認することになる。その結果、それが事実であることが判明。ついに元禄一一年三月、会津藩はようやく時代遅れを認識し、保科正之以来の伝統を捨て、焼印刑・入れ墨刑を含むいっさいの肉刑の廃止を決断することとなる。

かくして藩祖以来の伝統も、厳罰主義から寛刑主義への転換のなかで変容を余儀なくされたのであった。やがて幕府も宝永《ほうえい》六年（一七〇九）には科人《とがにん》の「耳鼻をそぎ、または指などを切り候やうなること、向後《きょうこう》無用」という法令を出し、耳鼻削ぎなどの肉刑の廃止を宣言（『憲教類典《けんきょうるいてん》』四の五）。その後、ついに寛保《かんぽう》二年（一七四二）になって、基本法典『公事方御定書《くじかたおさだめがき》』が制定される。このなかで耳鼻削ぎは明確に排され、かわりに入れ墨刑が本格的に導入されている。ここに耳鼻削ぎの歴史は、正式に幕を下ろす。じつに「関ヶ原」から一世紀半の歳月が流れていた。「泰平の世」の到来といいながらも、戦国の遺風を真に払拭するには、かくも長大な時間を要したのである。

ガンコ一徹、耳鼻削ぎ――相馬中村藩の場合

ただ、なかには変わった藩もあって、そうした時代風潮に背を向けて、かたくなに耳鼻削ぎ刑を守り続けたところもあった。相馬《そうま》氏の相馬中村藩（現在の福島県相馬市）である。

中村藩の刑法について記した『相馬藩刑法万覚《よろずおぼえ》』（続群書類従完成会）によれば、中村藩は宝暦《ほうれき》七年（一七五七）になっても、軽度の傷害罪に対しては片耳削ぎ、重度の傷害罪に対しては両耳削ぎおよび鼻削ぎとするという規定を定めている。同藩が耳鼻削ぎを廃止するのは、驚くべきことに、安永《あんえい》九年（一七八〇）になってからのことで、その頃になって、ようやく片耳削ぎにかえて男は杖《つえ》打ち二〇・女は一〇、両耳削ぎにかえて男は杖打ち三〇・女は二〇、両耳削ぎと鼻削ぎにかえて男は杖打ち五〇・女は三〇、と刑種の変更を行っている。すでに時は一九世紀を目前にしていた。いったい、この中村藩の頑固さはどこから来るものなのだろうか？

中村藩のあった福島県相馬市といえば、東日本大震災の災禍を乗り越えて、現在まで

伝わる民俗行事「相馬野馬追(のまおい)」(毎年七月下旬開催)があることで有名である。この祭りの由来は一般には平安時代とされているが、江戸時代においては相馬中村藩のれっきとした軍事演習であった。わずか六万石という石高でありながら、東北随一の巨大藩である仙台藩六二万石に隣接し、しかも中村藩と仙台藩とは「関ヶ原」以来、さまざまな因縁と軋轢を抱えていた。そのため中村藩では、江戸時代を通じて軍事的緊張を解くことができず、三〇〇年間にわたって仙台藩を仮想敵とした、その特異な軍事演習を継続しなければならなかったのである。本章でみてきた岡山藩や会津藩も同じであるが、どうも藩主の極端な儒教への傾倒や、質実剛健の気風を尊重する伝統をもつ藩ほど、「厳罰主義から寛刑主義へ」という流れに乗り遅れて、いつまでも厳罰主義に固執してしまう傾向がある。そのかぎりでは、相馬中村藩も「相馬野馬追」に象徴される、その独特の藩風が耳鼻削ぎの廃止を遅らせてしまったといえるだろう。

ただ、中村藩で一八世紀末まで執行されていた耳鼻削ぎには、諸藩とはまた別の意味合いもあった。中村藩には、明暦元年（一六五五）から宝永三年（一七〇六）までの約半世紀間に領内で起きた刑事犯罪についての判例集である『旧中村藩罪案写《ざいあんうつし》』（京都大学法学部所蔵。『藩法史料集成』所収）という史料が残されている。この史料を読んでみると、意外なことに耳鼻削ぎ刑は本史料前半部では断片的にしか執行例が確認できないものの、後半部の元禄年間（一六八八年以後）になると集中的に確認できるようになるという傾向がみられる。いっぽう、それとは逆に、死罪は本史料前半部（一六七四年以前）では多数執行されるものの、後半部（一六七五年以後）ではその執行例は明らかに減少をみせる。しかも具体的に中村藩で耳鼻削ぎ刑が執行された事例をみると、耳鼻削ぎ刑を言い渡された者には、連続窃盗犯や土蔵破りなど、ある時期までならば死罪になってもおかしくない罪状の者が目立つ。

ここから法制史研究者の守屋浩光氏は、中村藩においては死罪を減少させるかわりに、その代替として耳鼻削ぎ刑を採用したのではないかという推測を行っている。つまり、中村藩の耳鼻削ぎ刑は決して近世初期の厳罰主義の遺物ではなく、むしろ逆に寛刑化の流れのなかで新たな意味を見出されて採用されたものだったのである。一八世紀末まで耳鼻削ぎ刑を実施し続けた中村藩の刑法体系は、ほかの諸藩に比べると明らかに異様であるが、それも「厳罰主義から寛刑主義へ」という近世前期の時代潮流に逆らうものではなく、中村藩なりの対応であったとみるべきだろう。

新選組の耳鼻削ぎ

かくして、相馬中村藩のような特異な藩を例外とすれば、おおむね一七世紀末までには、耳鼻削ぎは公的な場からは姿を消すことになった。その後、日本社会では俠客《きょうかく》・ヤクザなど、アンダーグラウンドな閉鎖的集団内部のリンチとしてのみ、耳鼻削ぎは存続することになる。

たとえば、幕末に京都市中を闊歩《かつぽ》した新選組は、「局中法度《きよくちゆうはつと》」に代表される〝鉄の掟〟によって統制された集団として著名である。その新選組が元治《げんじ》元年（一八六四）一一月に定めた「軍中法度」には、次のような条文が見える（『異聞録』）。

一、組頭《くみがしら》、討ち死ににおよび候刻、その組衆、その場において死戦を遂ぐべし。もし臆病をかまえ、その寅（虎）口をにげ来たる輩これあるにおいては、斬罪・劓《ぎ》罪《ざい》、その品にしたがひ申し付くべきの条、かねて覚悟いたし、未練の働きこれなきやう相嗜《あいたしな》まるべき事。

つまり、戦闘中に隊の組頭が戦死するようなことがあれば、その部下はその場で一緒に斬り死にすることとし、臆病風に吹かれて逃げ帰るような者は死刑もしくは鼻削ぎ刑にするというのだ。よく知られているように、新選組の法は内部規律としても非現実的なまでに過酷な法であるが、そうした法のなかに登場する刑罰が鼻削ぎであるというのは象徴的である。

現実にも、新選組がリンチとしての耳鼻削ぎを行っていたという史料も残されている。『佐野正敬《まさたか》手記』によれば、池田屋事件の直後の元治元年七月、京都で新選組に捕らえられた長州藩密偵の渡辺九八郎は拷問にかけられ、耳鼻を切られたうえに斬り捨てられたという。当時、公的な刑罰としても鼻削ぎ刑が実施されることがないなかで、あえて前時代的な「未開」の刑罰を採用しようとするアナクロニズムは、この組織の本質を示しているものといえるかもしれない。

第五章
耳塚・鼻塚の謎

京都・方広寺の耳塚（著者撮影）。塚の上に立つ五輪の石塔は、江戸前期の古絵図に描かれ、塚の築成から程ない時期の創建と考えられる。

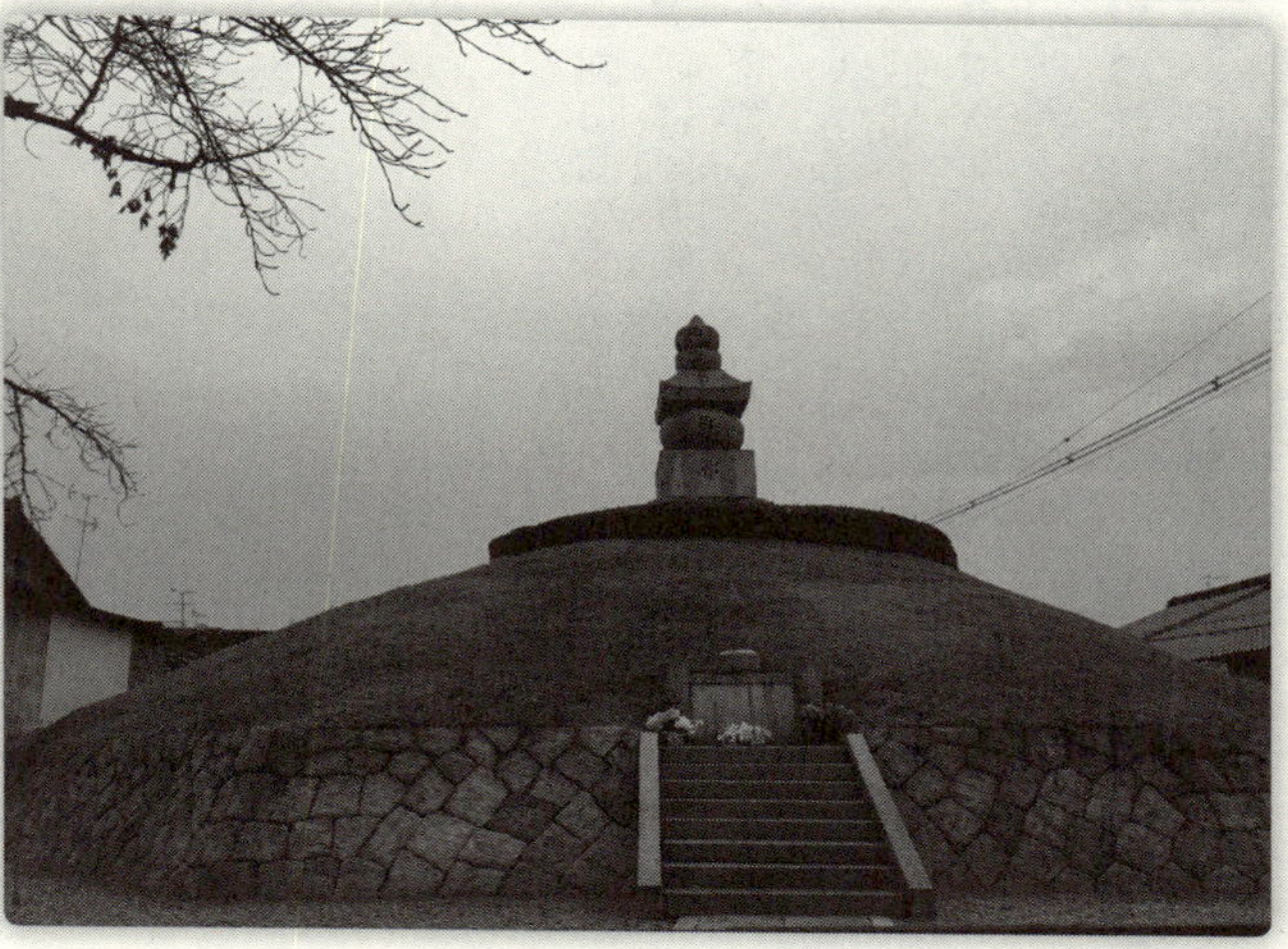

一　秀吉の耳塚・鼻塚伝説の真偽

全国に散在する耳塚・鼻塚

では、ここで最初の問いに戻ろう。日本全国に散在する耳塚や鼻塚とそれをめぐる伝承、これを柳田国男《やなぎたくにお》は史実ではないと断じ、逆に南方熊楠《みなかたくまぐす》は史実にちがいないと反論した。ここまで耳鼻削《そ》ぎの史実を通覧してきた読者には、明らかに柳田説には無理があり、南方説のほうに軍配をあげたくなるのではないだろうか？　すでに戦国時代の戦場で耳鼻削ぎが行われていたことは明らかであり、刑罰としての耳鼻削ぎについても、平安時代から江戸時代前期にまで、その存在が確認できることはまちがいないからである。

ところが、そのことと耳塚・鼻塚の伝承が真実であるかどうかは、どうも別問題のようである。耳鼻削ぎの展開を追ってきた本書の締めくくりとして、本章では、いまに残る耳塚・鼻塚の問題を考えてみよう。次ページに掲げた表は、私が確認したかぎりの、現在、日本各地に残されている耳塚・鼻塚の一覧表である。これらの塚の由来について、

表2　耳塚・鼻塚一覧表

都道府県	所在地	呼称	伝承	初見文献(成立年)
北海道	松前町松城(松前城内)	耳塚	一六六九年、シャクシャインの乱で松前藩が殺害したアイヌ人一四人の耳塚。	
福島県	南相馬市小高区小高字上広畑二四六(同慶寺境内)	耳塚	慶長の役で相馬氏に討たれた朝鮮人戦死者の耳塚(現存せず)。	『角川日本地名大辞典　福島県』(一九七八年)
東京都	府中市美好町三丁目二六、三丁目四五	耳塚	一三三三年、分倍河原合戦の戦死者の耳塚(現存せず)。	『武蔵名勝図会』(多摩郡之部巻四、府中領本宿村)(一八二三年)
山梨県	大月市賑岡町強瀬(全福寺境内)	耳塚(耳塚観音)	一八六七年、井上八郎(幕府鎮撫使)が処刑した幕府歩兵隊脱走者十数名の耳塚。	
山梨県	北杜市長坂町小荒間一九六四	耳塚	一五四〇年、小荒間合戦で武田信玄が破った村上義清軍の戦死者の耳塚。	『甲斐国志』(一八一四年)
山梨県	笛吹市八代町竹居二一一六	花取山(鼻取山)	一五二三年、穴山信永が破った南部某軍戦死者の鼻塚。	『甲斐国志』(一八一四年)
長野県	安曇野市穂高有明	耳塚	平安時代、坂上田村麻呂が破った八面大王の耳塚。	『角川日本地名大辞典　長野県』、『明科町誌下巻』(一九八五年、九六〇頁)
長野県	塩尻市大門三番町九	耳塚神社	一五四八年、桔梗ヶ原合戦で武田信玄が破った小笠原長時軍の戦死者の耳塚。	『長野県町村誌』(一九三六年、二九五五頁)
長野県	松本市寿豊丘一一三〇(旧百瀬)	耳塚古墳	一五四八年、桔梗ヶ原合戦で武田信玄が破った小笠原長時軍の戦死者の耳塚。	菅江真澄『伊那の中路』天明三年(一七八三)七月二六日条
愛知県	長久手市岩作長池五三	耳塚	一五八四年、長久手合戦の戦死者の耳塚。	
京都府	京都市東山区(方広寺)	耳塚(鼻塚)	豊臣秀吉の朝鮮出兵での朝鮮人戦死者の鼻塚。	『義演准后日記』ほか
岡山県	備前市香登本	千人鼻塚	秀吉の朝鮮出兵に従軍した六介が築いた朝鮮人戦死者の鼻塚。	千神幸雄『備前の刀』(一九六八年)
広島県	安芸高田市吉田町相合九六七	耳塚古墓	郡山城合戦の戦死者の耳塚。	『高田郡史』(一九七二年)
広島県	三次市志幸	鼻塚	一五五三年、新宮城合戦の戦死者の鼻塚。	
香川県	高松市菅沢町(熊野神社境内)	耳塚	一五八六年、戸次川合戦で戦死した菅沢義景のために嫡子義長が築いた耳塚。	碑文「塚由来記」(一九二九年)
福岡県	前原市(高来寺境内)	耳塚	鎌倉時代、弘安の役の戦死者の耳塚。	『筑前国続風土記』(一七〇三年)
福岡県	福岡市香椎駅東二―一五―一五	耳塚	神功皇后の三韓征伐のさいの新羅人の耳塚。	『筑前国続風土記』(一七〇三年)
長崎県	対馬市上対馬町河内	耳塚	文禄の役の朝鮮人捕虜の耳塚。	『対馬島誌』(一九二八年)
熊本県	人吉市土手町五(永国寺境内)	千人塚(耳塚)	朝鮮出兵で相良頼房が破った朝鮮人の耳塚。	『角川日本地名大辞典　熊本県』(一九八七年)

逐一検討した研究は、歴史学の分野にも民俗学の分野にもないようだ。

このうち最も有名なものは、豊臣秀吉が朝鮮出兵で獲得した朝鮮人の鼻を埋葬した京都・方広寺《ほうこうじ》の「耳塚」だろう(正しくは鼻塚というべきであるが、一六四二年成立の林羅山《はやしらざん》著『豊臣秀吉譜』を初見として「耳塚」の呼称が定着する)。これは数ある耳塚・鼻塚のうちでも、当時の史料のなかから、しっかり裏づけのとれる数少ない事例である。ところが、表を見ればわかるように、秀吉の朝鮮出兵によって獲得した朝鮮人の鼻や耳を埋葬したと伝わる耳塚・鼻塚は、このほかにも各地に少なくとも四件確認できる。福島県南相馬市同慶寺の耳塚、岡山県備前市の千人鼻塚、熊本県人吉市永国寺の千人塚(耳塚)、長崎県対馬市の耳塚である。まずは、これらの事例の伝承の真偽から検討してゆくことにしよう(対馬の耳塚については未調査である)。

《事例1》備前市の鼻塚

最初に検討するのは、岡山県備前市香登本《かがともと》の鼻塚(千人鼻塚・千鼻霊社)である(以下の記述は、備前市教育委員会の石井啓氏・重根弘和氏のご案内・ご教示による)。この鼻塚は、JR山陽本線を南に見下ろす大内山の尾根の南麓の、直径二メートル弱、高さ五〇センチほどの円墳で、近くに小さな祠《ほこら》も建てられている。小祠《しょうし》は一九八二年四月に地元有志によって修復されたものだが、その後、この塚の存在が韓国に知れわたり、慰霊のために訪日団が組織されるにあたり、一九九二年一一月に周辺は再整備されている。もともとは直径約四メートル、高さ一メートルほどの塚であったという。

一九九六年に鼻塚跡記念碑建設委員会によって同地に建てられた石碑には、塚の由来が次のように記されている。

岡山県備前市香登本の鼻塚（著者撮影）。

この地に祀《まつ》られていた塚は、文禄《ぶんろく》元年（一五九二）に豊臣秀吉が朝鮮半島へ出兵の際、首級の代りに持ち帰った鼻を葬ったもので、鼻塚といわれています。当時、宇喜多《うきた》秀家《ひでいえ》の家老長船《おさふね》紀伊守《いのかみ》の旗持ちとして従軍した香登西の六介は、命によって持ち帰った鼻ではあるが、祖国に殉じた人達に深く思いをはせ、塚（祠）を造って、冥福を祈ったということです。

すでに第三章で説明したとおり、秀吉が命じた朝鮮での鼻削ぎは、少なくとも慶長《けいちょう》二年（一五九七）以降は本国にいる秀吉の指示のもと組織的に行われたもので、獲得した鼻は軍目付《いくさめつけ》を通じて「鼻請取《はなうけとり》状《じょう》」と交換で回収される手続きになっていた。ここに書かれているように、朝鮮出兵に従軍した「六介」なる人物が個人的に鼻を持ち帰り、それを郷里で個人的に供養したなどという事実は、ほかに知られていない。事実とすれば、きわめて興味深いものである。そのため、秀吉の朝鮮出兵のいまに残る傷跡をたどった長編ドキュメンタリー映画『月下の侵略者――文禄・慶長の役と耳塚』（前田憲二監督、二〇〇九年）などでも、この塚の存在は取り上げられており、いまや韓国の一部の人たちのあいだにも知られる存在となっている。

そこで鼻塚の再整備のさい、史跡指定を検討するため備前市教育委員会では、この鼻塚伝承を文献史料から裏づけることを試みている。しかし、けっきょく一九六八年刊行の千神幸雄『備前の刀』（備州長船美術刀剣研究会刊行）の記述よりも伝承を遡《さかのぼ》らせることができず、史跡指定を断念したとの由である。しかも、『備前の刀』に書かれていた六介の鼻塚造立の意図は、碑文に書かれた「冥福を祈り」云々といったものとは大きく異なっていた。そこでは、そもそも六介は自身の武勇を鳴り響かせるために自ら朝鮮出兵に志願したとされており、しかもその好戦的な活躍ぶりは同書に以下のように記されている。

豪力を誇る六介は、長船の大刀を軽々と振り回し、敵兵を斬りまくった。帰国して手柄話をしても村人は信用してくれないだろうと、倒した敵兵の鼻を切り取り、かづらに刺して持ち帰った。慶長二年（一五九七）に再度出兵、この二回の従軍で計百人分の鼻をみやげにしたので、〝六介の百人斬り〟は、当時、近在の話題をさらった。村人は「わが村の誇り」と六介を英雄扱いにした。

このほかに六介と鼻塚をめぐる伝承は、西川宏『岡山と朝鮮（岡山文庫）』（日本文教出版・一九八二年）や、「鼻塚霊魂還国奉送日韓合同慰霊大法要」趣旨文（一九九二年）などにも記されているが、いずれも残念ながらまちまちの内容である。そもそも葬られた鼻の数からして、六万から一〇〇〇、一〇〇と幅があり、鼻削ぎ自体も秀吉政権の命によるものなのか、六介個人の行動なのか、不明瞭である。とりわけ大法要趣旨文では、六介の鼻塚造立の動機として、彼がキリスト教徒であったということまで述べられており、彼自身も自分が死んだら一緒に鼻塚に埋めてほしいと語ったともされている。これらの記述の根拠は不明である。どうも、この六介と鼻塚の伝承にはかなり尾ヒレがつけられてしまっているようで、そのまま信じるわけにはいかないようだ。

ただし、六介については、一方で地元では朝鮮から唐臼《からうす》を将来し、六介膏《ろくすけこう》とよばれる膏薬《こうやく》を製造した人物として、古くから知られている人物であった。地元の「紀伊家文書」には正徳《しょうとく》三年（一七一三）一一月二六日の日付をもつ六介膏の許可書写や、「備前国唐臼由来」と題する文書が伝わっており、少なくとも近世後期には六介の存在は郷土の有名人として知れ渡っていたことが確認できる（『和気郡史 資料編』上）。ただ、それら六介伝説を語る近世史料には、いずれも鼻塚の話は出てこない。

備前市教育委員会が史跡指定に慎重な態度をとったように、やはりこの鼻塚を秀吉の朝鮮出兵と結びつける理解は、近代以降になって生まれたものである可能性が高そうだ。おそらくは、それ以前から鼻塚とよばれる塚が存在していたのが、朝鮮から凱旋《がいせん》した郷土の英雄・六介と結びつけられて、そのような伝承に改変されてしまったのではないだろうか？　鼻塚のある場所は、ちょうど大内山の尾根の「ハナ」（端）にあたる。このような立地から「鼻塚」という名称が生まれた可能性もあるのではないか？

いずれにしても、現時点では備前市の鼻塚については、その裏づけとなる同時代史料は皆無であり、伝承の内容も振れ幅が大きい。それをそのまま史実と受け取るのは用心したほうがよさそうだ。

《事例２》人吉市の耳塚

次に、熊本県人吉市土手町《どてまち》の蓬萊山永国寺《ほうらいさんえいこくじ》の耳塚を検討したい。永国寺は、中世から近世にかけて人吉市域を支配した相良《さがら》氏の菩提寺（曹洞宗）として知られている。その境内の一角に「千人塚石塔（耳塚）」という解説板をともなった、自然石の上に三角の笠石をかぶせた石塔が存在する。この石塔の存在自体は地名辞典などにも紹介されているが、そのかたわらの解説板には次のような記述がある。

朝鮮出兵で秀吉は諸大名に手柄の証拠として討ち取った敵兵の耳鼻をそぎおとし塩漬けにし、目録を提出するように命令する。相良二十代頼房《よりふさ》も耳鼻千八百を秀吉に進上した。この石塔はその霊を鎮めるためのものと伝わる。元は門前の千人塚に建てられていたものである。

熊本県人吉市にある永国寺の耳塚（著者撮影）。

つまり、この耳塚は、秀吉の命をうけ朝鮮に渡った大名・相良氏が独自に慰霊のために朝鮮人の耳鼻を葬ったものだという。この解説文のとおりであるとすれば、秀吉の朝鮮出兵の過程で、秀吉の中央権力だけではなく、それに参加した大名も独自に領国で耳鼻供養を行っていたことになり、これもそれなりに興味深い事例であるといえる。しかし、何度もいうように、秀吉の朝鮮出兵で獲得された朝鮮人の鼻は、原則的に中央政権に回収されることになっていた。削いだ鼻を中央に提出せずに大名が地元で独自に供養するとは、やはり考えにくい。また、これは当時の史料からも明らかなことであるが、秀吉が提出を命じたのは鼻そのものであり、決して「目録」ではない。この解説板の記述は不正確といわざるをえない。

この点について、二〇一一年三月に同地を訪問し、同寺の紫安達純ご住職にお話をうかがってみた。するとご住職からは、この石塔はもともと寺の前の交差点の真ん中の「耳塚」とよばれる塚の上にあったが、昭和三〇年代に道路の改修により塚が破壊され、境内に移されることになった、という経緯を教えていただくことができた。耳塚にはとくにご利益《りやく》があるという話などはなく、ただ塚が耳の形をしていたので「耳塚」とよばれるようになったのではないか、というのがご住職の説明だった。

しかも、移転のさいに市の文化財委員長を務めていたある郷土史家が、この塚は朝鮮出兵のさいの耳塚にちがいないとして解説板を立てた、との衝撃的な情報まで得ることができた。つまり、かつて耳塚とよばれる塚が存在したことは確かなようだが、どうやらそれが秀吉の朝鮮出兵によるものだという説明は、昭和三〇年代の郷土史家の「解釈」によるものだったらしい。

地方の歴史を解明するにあたって、その土地に生きるアマチュアの郷土史家の功績は甚大なものがある。私自身も何度もそうした方々のご教示に救われたことがあり、郷土史家への敬意はつねに忘れたことはない。ただ、残念ながら郷土史家のなかには、郷里の歴史を強引に中央の歴史（教科書に載るような歴史）と結びつけたがって、暴走してしまう人がいることも事実だ。永国寺の「耳塚」は、いまや地名辞典などにも取り上げられているが、どうもその根拠はきわめて怪しいもののようだ。

事実、『大日本古文書』の一冊として翻刻されている『相良家文書』を見るかぎり、相良氏が朝鮮に渡海したことはまちがいないようだが、とくに鼻削ぎに従事していたことをうかがわせる史料は存在しない。また、第一次出兵時の相良頼房（一五七四～一六三六）の渡海人数は、じつはわずか八〇〇人と、いたって少ない（『大日本古文書　毛利家文書』八八五～八八六号）。相良氏が「耳鼻千八百」を獲たという解説板の文章の根拠は不明であるが、もし事実であったとしても、八〇〇人という人数で一八〇〇人分の鼻削ぎを行うのは難しいのではないだろうか？

以上の点から考えて、人吉市の耳塚についても、備前市の事例と同じく史実とみなすのは難しいといわざるをえない。

《事例3》南相馬市の耳塚

では、最後に残る福島県南相馬市小高区《おだかく》小高字上広畑《あざかみひろはた》の小高山同慶寺《しょうこうさんどうけいじ》の耳塚はどうだろうか？　同慶寺は、相馬地域を中世から近世にかけて支配した相馬家代々の菩提寺（曹洞宗）で、境内には相馬家当主の位牌や什器《じゅうき》を収めた霊屋《れいおく》のほか、一八代当主・義胤《よしたね》（一六一九～五一）の廟をはじめ相馬家代々の当主の二四基の五輪塔が立ち並んでいる。

しかし、二〇一一年三月の東日本大震災により同寺の建物・墓石などは大きく損壊し、その後の原子力発電所事故による放射能汚染により、境内周辺（原発より一七キロ圏内）は警戒区域に指定され、立ち入り禁止とされてしまった。二〇一二年四月には警戒区域の見直しが行われ、一時帰宅は認められるようになったものの、いまだ元の生活を取り戻したとはいいがたい状況のようだ。私は、この震災の二カ月前に同慶寺を訪れ、田中徳雲住職のお母さま（同慶寺で生まれ育つ）より、さいわいにも聞き取りを行うことができた。

『角川日本地名大辞典　福島県』（角川書店）の「同慶寺」の項には「慶長の役に切りとった耳を埋めたという耳塚がある」と説明されている。私の知るかぎり同慶寺に耳塚があるという情報は、この地名辞典の記述だけであり、この記述の根拠を尋ねるのが訪問の主旨であった。しかし驚くべきことに、住職のお母さまの説明によれば、それに該当する塚は昔も今も境内には存在しないとのことであった。過去にも辞典の記述に導かれてか、同様のことを尋ねられたことがあったそうだが、子どもの頃からまったく聞いたこともないという。たしかに寺の境内を探してみても、塚を思わせるような盛り土はい

福島県南相馬市の同慶寺にある相馬家墓所。東日本大震災で倒壊する前の姿（著者撮影）。

つさい確認できない。

　朝鮮出兵時の相馬家一六代当主・義胤《よしたね》（一五四八～一六三五。一八代と同名）の行動をみるかぎりでも、彼については朝鮮に渡海したという形跡すらうかがうことができない。同時代史料を見ても、義胤は文禄元年（一五九二）四月二二日に肥前名護屋城《ひぜんなごやじょう》（現在の佐賀県唐津市）に着陣し、国元への文書で「高麗国《こうらいこく》の事は、手間も入るまじき由申し来り候あひだ、還国の儀も、来年は治定たるべく存ぜられ候」という楽観的な戦況観測を語り、一年後には帰国できるだろうという見通しを述べている（『原町市史　資料編Ⅱ』六二二号解説を参照）。現在、名護屋城跡には相馬義胤陣屋跡の伝承地があるが、義胤がいつまで名護屋に在陣していたかは不明である。ただ、他の史料から文禄四年にはもう京都に帰っていたことがうかがえる。

　後世のものだが「相馬之系図」（『史料纂集　相馬家文書』所収）の「義胤」項では「秀吉、朝鮮を征せらるるの時、肥前国名古屋に至り参陣（朝鮮に至らざるあひだ、公方献上の系図にこの事を載せず〉」とあり、相馬義胤は肥前名護屋城までは参陣したものの朝鮮へは渡らなかったとある。同様に「利胤《としたね》朝臣御年譜」(『相馬藩世紀』所収)にも「遠国参向により、朝鮮に到らず」とあり、遠路の参陣に免じて渡海は容赦されていたという。これらの情報から、相馬義胤は二度にわたる出兵でも朝鮮に渡ることは一度もなく、名護屋在陣も恒久的なものではなかったと判断される。だとすれば、史実のうえでも、相馬義胤が国元に朝鮮人の耳を持ち帰り、塚を築き供養をするということは、やはり考えにくい。

地名辞典にまったく根拠のない記述が混入しているとは少々信じがたいことだが、『角川日本地名大辞典 福島県』の「同慶寺」の項では、このほかにも五輪塔であるはずの相馬家歴代墓石を「宝篋印塔《ほうきょういんとう》」と記すなど、現地に一度でも足を運んでさえいればありえない明らかな誤りもあり、耳塚についてもどういう事情からか誤った情報が混入してしまったとしか考えられない。多くの人が依拠する辞典であることを考えると、ずいぶん罪深い過ちだと思う。

以上の考察からもわかるとおり、現在、国内三カ所に残された秀吉の朝鮮出兵をうけて諸大名らが独自に築いたと伝わる耳塚・鼻塚については、いずれも同時代史料で裏づけられるものではなく、なかにはまったくの誤伝によるものも存在することが明らかとなった。では、なぜこのような錯誤が起きてしまったのだろうか?

二　民間信仰としての耳塚

「創造」された耳塚・鼻塚

じつは日本各地に残る耳塚・鼻塚については、それが本当に戦場で削いだ耳や鼻が葬られているものであることが証明できる事例は、京都・方広寺《ほうこうじ》の一例を除いて、まったくないといっていい。虚構の耳塚・鼻塚は、さきの三カ所の「朝鮮出兵の耳塚・鼻塚」にかぎったものではなかったのだ。日本史上に耳鼻削ぎ習俗が多数みられることを根拠に柳田説を批判し、耳塚・鼻塚の背後に史実があることを主張した南方熊楠だったが、その南方説も決して正しいものではなかったのである。日本各地には、戦国時代の合戦などに由来をよせた、さまざまな耳塚・鼻塚があるが、そのなかには明らかに後世の捏造や牽強付会《けんきょうふかい》によって生まれた伝承も確認できる。以下、文献調査・民俗調査・発掘調査の三つのアプローチによって、その伝承を否定することができる事例を紹介しよう。

《事例4》笛吹市八代町の花鳥山

たとえば山梨県笛吹市《ふえふきし》八代町竹居の花鳥山《はなとりやま》は、いまでこそ「花鳥山」と表記されるが、江戸時代の地誌『甲斐国志』（一八一四年成立）によれば、大永《だいえい》三年（一五二三）の穴山信《あなやまのぶ》永《なが》と南部某との合戦での戦死者の鼻を葬ったことにその名が由来し、本来は「鼻取山」であったとされている。一見、もっともらしい説明であるが、その説明はほかならぬ戦国時代の文献史料をもとに否定することができる。戦国時代の甲斐国の年代記である『勝山記《かつやまき》』文明《ぶんめい》四年（一四七二）条には「甲州花取山、信州大炊殿合戦す」と記されており、すでに問題の合戦以前から、この山は「花取山」とよばれていたことが確認できる。つまり、花鳥山はもともと「花取山」だったのであって、それを「鼻取り」と解した『甲斐国志』の説は、明らかに牽強付会というべきものだろう。現在の「花鳥山」という名前は、さらにその後につけられたものだと思われる。

《事例5》長久手市岩作長池の耳塚

また愛知県長久手《ながくて》市岩作《やざこ》長池《ながいけ》にある耳塚も、地元では豊臣秀吉と徳川家康の長久手合戦にまつわる耳塚であるとする伝承がある（長久手市が発行する長久手古戦場のガイドマップ類では関連史跡としては載せられていない）。事実、長久手合戦においては、史料のうえでは戦死した森長可《ながよし》の首から本多八蔵が鼻だけを削いだとされており（106ページ参照）、この戦場でも実際に耳鼻削ぎが行われていたことがわかる。しかし、この伝承についても、地元の古老からの聞き取りによって、それを否定することができる。

地元にお住まいの浅井なみこ氏（一九一四年生まれ）のお話によれば、この耳塚は明治期に地元に住む地権者二人が別の場所から移してきて新しく建立したものであり、耳の病気にご利益はあるが合戦の戦死者を祀ったものではないとのことであった。おそらく長久手合戦云々という話は、明治期以降のある時期につくられてしまった話なのだろう。同じく地元の青山政利氏（一九三三年生まれ）は長久手合戦との関係を否定はしなかったが、塚の上の自然石は耳の形を模していることを教えてくれた。あるいは、この塚石の形状が耳塚の名前の由来かもしれない。

愛知県長久手市岩作の耳塚（著者撮影）。

《事例6》安芸《あき》高田《たかた》市《し》吉田町相合《あいおう》の耳塚

広島県安芸高田市吉田町相合、毛利《もうり》元《もと》就《なり》（一四九七～一五七一）の吉田郡山城《よしだこおりやまじょう》の近くにある耳塚古墳は、天文《てんぶん》九年（一五四〇）の郡山城合戦の際に寄せ手の尼子《あまご》氏と守り手の毛利氏の戦死者の耳を埋葬したものと伝えられている（『高田郡史』一九七二年。以下の記述は、安芸高田市歴史民俗資料館の中村計助館長、秋本哲治氏、古川高子氏のご教示による）。しかし文献的に遡ると、『陰徳記《いんとくき》』巻一三（一六六五年成立）では、この塚は郡山城合戦ではなく宮崎長尾の合戦のときのもので、しかも毛利氏が討ち取った敵の首を葬ったものとして、「相合ノ頸塚」と紹介されている。また、ここは県道の拡張にともなって、実際に発掘調査を行った数少ない耳塚でもある。その調査報告書によれば、本遺跡は中世後期の遺構であることにはまちがいないものの、実際は耳塚でも首塚でもなく、側臥屈葬《そくがくつそう》の積石墓であったことが明らかにされている（財団法人吉田町地域振興事業団『吉田町地域振興事業団調査報告書 第十集 耳塚古墓』）。これは耳塚の伝承が考古学的な調査によって否定された事例ということができる。

さて、以上の三例をみてもわかるように、現在、耳塚・鼻塚と伝承されている史跡には、考古学的に耳塚・鼻塚と証明されたものは一例もなく、いずれも文献的にも戦国期まで遡ることができないものばかりであった。また場合によっては、民俗調査の結果、近代以降に耳塚としての伝承が創出されたと思しきものすらあり、やはり現時点では、これらの伝承から史実を導き出すのには慎重にならざるをえない。もちろん、私自身、まだ全国すべての耳塚・鼻塚の調査を行ったわけではない。だから、同じ耳塚・鼻塚でも、ここで検討素材としたもの以外については、なんらかの戦国の史実を反映している可能性も依然として皆無ではない。文献的に遡るのは無理だとしても、今後、考古学調査の進展などによって解明が進むこともありえるだろう。安易に虚構と決めつけることなく、それらの真偽の検討は今後の課題としたいが、とりあえず現時点では、多くの伝承をそのまま鵜呑みにすることはできないことを指摘しておきたい。

なぜ耳鼻削ぎの伝承をもつのか?

しかし、虚構であるとしても、なぜ全国の多くの耳塚・鼻塚は、戦国合戦の耳鼻削ぎ習俗に仮託された伝承をもつのだろうか？　これを考えるとき、ヒントになりそうな伝承がいくつかある。

《事例7》府中市美好町《みよしちょう》の耳塚

東京都府中市美好町三丁目の耳塚（破壊され現存せず）は、元弘《げんこう》三年（一三三三）に新田義貞《にったよしさだ》軍と鎌倉幕府軍とのあいだで戦われた分倍河原《ぶばいがわら》合戦での戦死者の耳を葬ったという伝承がある。『武蔵名勝図会《むさしめいしょうずえ》』（一八二三年成立）にも、堂塚（胴塚）、首塚とともに、この耳塚が紹介されている。しかし、この耳塚についても、現在では同地にある高倉古墳群に属する古墳の一つであったと考えられており、中世の遺構とみることはできない。その名前の由来として、『府中市内旧名調査報告書』は、耳のように「一対になって道の両側にあるからともいう」との異説を紹介しているが（『府中市内旧名調査報告書 道・坂・塚・川・堰・橋の名前（府中市立郷土館紀要別冊）』）、おそらくそのあたりが穏当な解釈と思われる。

《事例8》松本市百瀬の耳塚

本書の冒頭で紹介した長野県松本市 寿 豊丘《ことぶきとよおか》（旧百瀬《ももせ》）の耳塚は、天文一四年と一七年（一五四五・四八）に武田信玄と小笠原長時《ながとき》とのあいだで戦われた「桔梗ケ原《ききようがはら》の戦い」の戦死者の耳を葬ったものと伝えられている。しかし、この耳塚についても、現在では戦国期をはるかに遡る古代の古墳であると考えられている（発掘調査は行われていない）。耳塚に隣接して居宅を構える上條正志氏（一九二六年生まれ）によれば、もともとは二つ並んで塚があったが、明治期に町会堂を建てるために北側の塚は破壊されてしまったという。この耳塚についても、おそらく府中市の事例と同じく、耳のように二つセットの形態がその名の由来だったのではないだろうか？

さきの人吉市永国寺の耳塚や長久手市岩作の耳塚でも、石碑や塚の形状が「耳に似ている」という話が聞かれた。だとすれば、全国にあるほかの「耳塚」のほとんどは、その一対になった形状が「耳」に似ているなどの理由で「耳塚」と名づけられ、それが戦場での耳鼻削ぎの習俗に付会され、いつしか耳塚とよばれるようになったのではないのだろうか？　このほか、さきの安芸高田市吉田町の耳塚についても、「三基あるので三つ塚ともいわれていますが、耳塚ともいわれています」（『高田郡史』）という伝承もあり、こうした「三つ塚」→「耳塚」の転訛《てんか》の可能性も考慮する必要があるだろう。あるいは、岡山県備前市の鼻塚も、その立地が尾根の「ハナ」にあることが名称の由来ではないかというのはすでに述べた。ほかの地域の「鼻塚」についても、同様の可能性を考慮する必要があるだろう。

各地の耳塚・鼻塚はいかにも恐ろしげな伝承を身にまとってはいるが、案外、そもそもの名前の由来はいたって素朴なところから発しているのかもしれない。

耳塚・鼻塚に語り伝えられた記憶

では、その伝承のほとんどがフィクションであるとすれば、全国の耳塚・鼻塚は、研究のうえでは何の価値もないものとなってしまうのだろうか？　否、私はそうは考えない。直接に戦国時代の史実には結びつかなかったとしても、そうした伝承を語り伝え、塚を守り続けてきた地元の人々の思いは、それ自体、地域の歴史を考えるうえでの重要な「史料」といえるだろう。とくに、近年の歴史学では、史実であるかどうかを問わず、語り伝えられてきた「伝承」自体を研究の素材とする研究手法が成熟しつつある（「記憶の歴史学」や「コメモレイション論」とよばれるアプローチである）。

たとえば、各地の耳塚に、耳の病気に効くという伝承がしばしば付随していることなどは、そうした関心からすれば、きわめて興味深い事実といえる。当初、耳塚の調査を思い立ったとき、私は「耳なし芳一」を連想させるような武将の不気味な幽霊譚などが少なからず収集されるのではないかと考えていた。しかし、冒頭で紹介した百瀬の耳塚の例にかぎらず、各地の耳塚では、その種の怪奇譚はいっさい聞かれることはなかった。むしろ、意外なことに塩尻市大門《だいもん》・安曇野《あづみの》市《し》穂高《ほたか》・長久手市岩作長池などでは、耳塚が耳の病気にご利益があり、地域の人々から篤《あつ》く敬愛されているという実態を知ることができた。

《事例9》塩尻市大門の耳塚神社

塩尻市大門三番町の耳塚神社は、百瀬の耳塚と同じく武田信玄と小笠原長時の桔梗ケ原合戦の戦死者の耳を葬った場所と伝えられている。その真偽は確認できないが、神社の裏手に住み、神社を管理している三家のうちの一つである高砂清志氏（一九四九年生まれ）によれば、この神社でも「耳の形に似た素焼きの皿やおわんに穴を開けて奉納すると耳の聞こえがよくなると評判になり、伊那地方からなど多方面から話を聞きつけて参拝した」（解説板より引用）とのことである。現在でも社のなかには百瀬の耳塚の堂で見られたのと同じく、多数の穴のあいたかわらけを見ることができる。

《事例10》長久手市岩作長池の耳塚（承前）

また、先述の長久手市岩作長池の耳塚も、地元では「ミミヅカサン」とよばれ敬愛されており、耳の悪い人が拝むとよくなるとされ、いまでもたまにお参りに来る人があるという。耳塚は、約一四〇軒からなる岩作五分会によって管理され、年一回四月三日の祭祀では、塚のまえで御詠歌・「般若心経」が唱えられ、御神酒《おみき》が供えられることにな

塩尻市大門にある耳塚神社（写真上）。その内部には、耳の聞こえがよくなることを願う人々が納めた、たくさんのかわらけが提げられている（同下）。現代においても、素朴な信仰が引き継がれている（著者撮影）。

っている。この四月三日は旧暦の三月三日を意味し、この日が「耳の日」であることにちなんでいるという。

柳田国男は『明治大正史世相篇』（一九三一年刊）において「鼻などは元は病気の宿にもなりそうにも思われなかった」と説いているが、前近代の日本社会では鼻の病気についてはおよそ無頓着で、むしろ老齢による難聴など耳の不調のほうが患う人もはるかに多く、より深刻に受け止めていたようだ。そうしたなかで、耳塚は「耳の病気が治る」という新たな役割を地域社会に期待され、存続していったようである。

戦国時代の史料を見るかぎりでも、史実のうえでは耳削ぎよりも鼻削ぎの事例のほうが圧倒的に多いのに、全国の耳塚・鼻塚の分布はなぜか耳塚のほうが多い（183ページ一覧表参照）。これなども、前近代の地域社会において鼻の信仰よりも耳の信仰のほうが重視されており、その結果、耳塚伝承のほうが残りやすかったという事情があったのではないだろうか？

最初、その形状や立地から「耳塚」とよばれるようになった塚が、次の段階に戦国時代の耳鼻削ぎ習俗に仮託された伝承を帯びるようになり、そして、最後に「耳の病気に効く」という民間信仰を生み出してゆく。この一連の過程に、私たちは過去の人々のたくましく豊穣なイマジネーションの歴史をみることができる。これも立派な「教科書に載らない歴史」にちがいないだろう。

終章 世界史のなかの耳鼻削ぎ

古代の伎楽面のひとつ、「呉女」の面。文化庁監修『国宝・重要文化財大全』4（彫刻 下巻／毎日新聞社、1999 年）より転載。

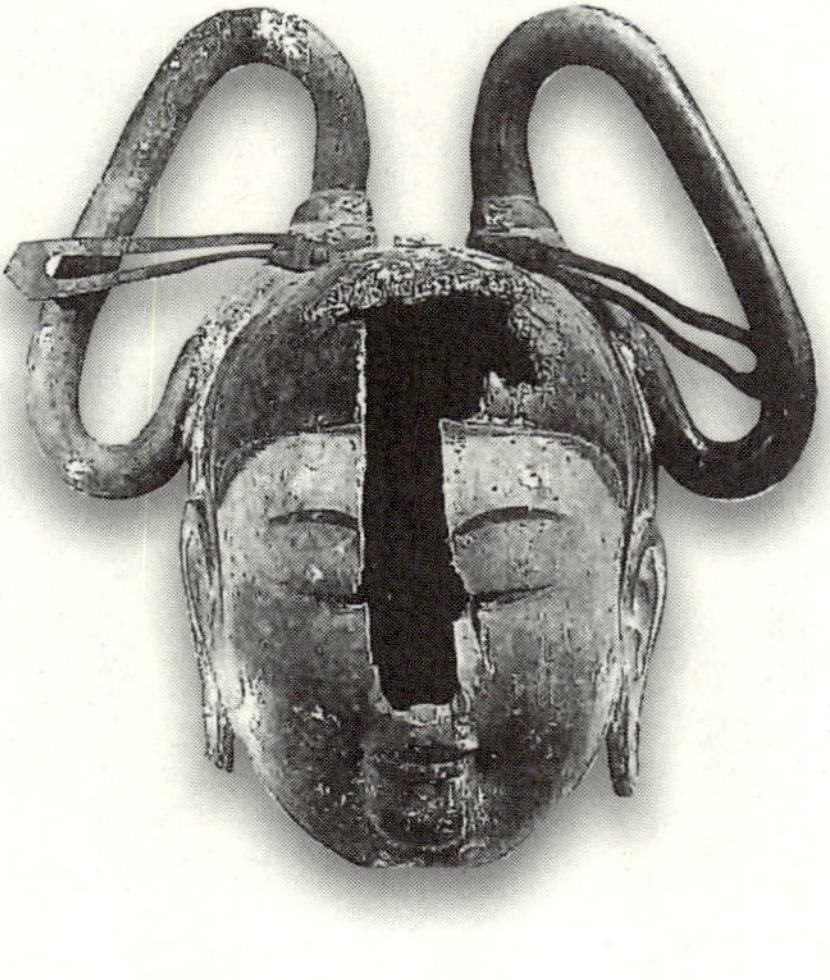

一枚の写真

二〇一〇年八月、ある報道カメラマンの撮った一枚の写真がアメリカの『タイム』誌の表紙に掲載され、多くの人々に衝撃をあたえた。

その写真とは、「反政府武装勢力タリバーンの命令で夫に両耳と鼻をそぎ落とされたアフガニスタンのビビ・アイシャさん」という作品である。紫のスカーフをまとい、カメラを見つめる彼女の顔には鼻がない——。この作品は「世界報道写真展二〇一一」でも大賞を受賞し、日本でも新聞などで紹介されたので、記憶している人もいるだろう（『朝日新聞』二〇一一年六月一〇日夕刊）。彼女は一二歳でタリバーン兵士と結婚したが、数年にわたり虐待され、逃走を試みたものの失敗。タリバーン兵に捕らえられた後、夫の兄弟に押さえつけられ、両耳と鼻を削がれたという。当時、彼女はまだ一八歳だった。

過激なイスラム原理主義集団であるタリバーンは、一九九六年にアフガニスタンの首都カブールを占領した後、女性から就労や教育の機会を奪い、彼女たちを家のなかに閉じ込めた。顔や髪が見えたというだけで、ムチ打ちに遭ったり、石打ちの刑に処されたりした女性もあったという。二〇〇一年、タリバーン政権は崩壊したものの、依然として地方では勢力を保っており、こうした女性に対する抑圧的な姿勢を崩していなかったのである。さいわい彼女の身柄はアメリカ軍に保護され、一〇月には渡米し、耳と鼻の回復手術をうけることができたという。

これまで本書では、耳鼻削ぎをわが国の「過去の話」として語ってきたが、じつは外国を見渡せば、こうしていまも耳鼻削ぎを行う人々は存在していたのである。本書で語ってきた耳鼻削ぎは、こうした世界で依然として行われている耳鼻削ぎとはどのような関係にあるのだろうか？　最後に、そうした世界的な視野で耳鼻削ぎの問題を考えておこう。

世界に広がる耳鼻削ぎ

本書では、日本中世において耳鼻削ぎ刑は女性のための刑罰と認識されていたことを明らかにした。しかし、これは日本中世にかぎったことではなかったようだ。私自身は外国文献にはまったく疎いので、以下、諸外国史の碩学《せきがく》の書かれた文献のなかから、耳鼻削ぎにかかわる指摘を引用させてもらおう。

たとえばヨーロッパ中世史家の池上俊一氏によれば、同じ中世のヨーロッパでも、「鼻」は女性の淫乱な性と大きくかかわるものと認識されていたという。実際、ベルギーのヘントでは売春仲介者が、ドイツのアウクスブルグでは娼婦が、それぞれ鼻削ぎ刑に処されようとしている。また文学作品ではあるが、短詩「ビスクラヴレット」（狼男）では、愛人と共謀して夫を狼の姿にした妻が、最後は狼と化した夫によって鼻を食いちぎられてしまう。しかも、愛人とともに国を逃れた彼女は、その後、愛人とのあいだに多くの子をもうけたが、その血を受け継いだ娘の多くは鼻なしで生まれることになった、という後日談までついている。そのほかにも、聖女ヒッダの物語では、求婚者から逃れるために彼女が自ら鼻をもいだとも伝えられている。これらのストーリーのなかで、「鼻」と女性の「性」がシンボリックな連関を示していることは明らかだろう。

また、大正～昭和期の法制史研究の泰斗・中田薫は、日本法制史にかぎらず、広く全世界の法制史料を紹介・分析していることで知られているが、そのなかで紹介された史料のなかにも耳鼻削ぎ刑の事例がある。それによれば、紀元前一一〇〇年代のアッシリアの法律書のなかにも、男性の去勢に対して、女性の鼻削ぎ刑が規定されている。さきに紹介したタリバーンによる女性に対する鼻削ぎ刑も、決して極端な原理主義だけからは説明できず、こうした西アジアの古代以来の伝統に根ざしたものなのだろう。

中田薫の門下生で、中国法制史の開拓者・仁井田陞《にいだのぼる》も、中国周辺地域の鼻削ぎ刑を収集している。仁井田によれば、『魏志《ぎし》』波斯《はし》伝《でん》には、三世紀のペルシャ（波斯）で女性に対する耳鼻削ぎ刑が確認できるという。また、一七世紀のモンゴル＝オイラート法典からは、一七世紀のオイラートで女性に対する鼻削ぎ刑が規定されているという。

あるいは、少し変わったところでは、早世した狂言師・野村万之丞《まんのじょう》（五世）がおもしろい指摘をしている。彼は田楽や伎楽《ぎがく》などの古代・中世芸能の復元に携わり、ＮＨＫ大河ドラマ『太平記』の芸能考証などで才能をいかんなく発揮した人物であるが、その晩年にテレビドキュメンタリーの企画としてブータンにまで渡って、古典劇（ベーチャム）の演目「ポレモレ」の取材を行っている。劇「ポレモレ」も姦通を犯した后《きさき》が王によって鼻削ぎに遭う話であるが、実際にも、最近まで現地のチベット系の人々のあいだでは浮気をした妻に対する制裁として鼻削ぎが行われていたという。

この事実を知った野村は、それと伎楽の現存する「呉女《ごじょ》」の面の鼻が破損していることが多いのを結びつけ、日本古代の伎楽のストーリーにも「呉女」の鼻削ぎのエピソードがあったのではないかと推測している。ただ、面の鼻は「呉女」にかぎらず欠けやすいものだろうから、野村の推測の当否については、私には是認する自信がない。しかし、チベット系民族のあいだにいまも広がる姦通と鼻削ぎのシンボリックなつながりを発見した野村の炯眼《けいがん》には驚かされる。

このほか、すでに147ページでふれたが、姦通を犯した男女に対する耳鼻削ぎは近世のアイヌ社会でもみられ、大正期のジャーナリスト宮武外骨《みやたけがいこつ》が写真を紹介している。

以上、孫引きばかりで恐縮だが、ここにあげた事例だけでも再度列挙すれば、女性に対する耳鼻削ぎ刑は、紀元前のアッシリア、三世紀のペルシャ、中世のヨーロッパ、一七世紀のモンゴル＝オイラート、近世のアイヌ社会、現在のイスラム圏やチベット周辺など、ユーラシア大陸の諸地域で確認することができる。これは何か共通の起源をもつものが伝播《でんぱ》した結果なのか、それともまったく偶然に多くの地域で鼻と女性を連関させる独特の発想が生じたのか、私には判断する能力はない。しかし、少なくとも女性に対する耳鼻削ぎは、ユーラシア大陸全土に広がるかなり広域の文化であったことはまちがいない。本書で明らかにした日本史上における耳鼻削ぎ刑も、巨視的にみれば、こうした広域文化圏の一環に位置づけられるものといえるだろう。

耳鼻削ぎの地政学

ただ、こうして世界的な広がりをもつ耳鼻削ぎ文化も、仔細にみてゆくと、地政学的な特徴が認められる。そのさい、とくに焦点となるのは、中国の政治的姿勢である。すでにふれたように、中国では前漢の文帝《ぶんてい》（紀元前二〇二〜前一五七）の時代に、いち早く耳鼻削ぎなどの肉刑が廃止されている。以後、断続的に肉刑復活論が台頭しはするものの、基本的にはその後、肉刑が採用されることはなかった。ユーラシア大陸で、並外れて早く「文明」化を遂げた中国王朝においては、耳鼻削ぎは「未開」的な習俗と位置づけられ、早々に一掃されてしまったのである。また、中国の文化的影響を最も強くうけ、その国制を模倣した朝鮮半島の歴代王朝も、同じく肉刑を廃止しており、公的な刑罰として耳鼻削ぎが行われることはなかった。

つまり、前近代のユーラシア大陸では、いち早く「文明」化した中国や朝鮮半島の王朝のみが耳鼻削ぎ刑を忌避し、それ以外の「辺境」的な地域にのみ耳鼻削ぎが残存し、女性のための刑罰という意味が付与されていたということになる。そのなかで、時々に応じて中華文明との距離を微妙に変えていった前近代の日本社会では、耳鼻削ぎに対するスタンスはかなり複雑なものがあった。

はじめ、中華文明を強く意識して成立した日本の古代国家は、その政治制度の範を中国に求め、早熟に大陸の律令制度を受容した。当然ながら、そこでは公的な刑罰として耳鼻削ぎが位置づけられるということはなく、そのかぎりでは古代の日本社会は、中国に近似した「文明」的な路線を堅持していたといえる。

ところが、平安前期あたりから、日本社会は中国の影響力を徐々に排し、東アジアで独自の路線を歩むことになる。長く政治的・文化的な意義を持ち続けた遣唐使がこの時期に中断することなどは、それを象徴する事件といっていいだろう。それと、女性に対する耳鼻削ぎ刑が日本史上で最初に確認されるのが、一一世紀末に成立した文学作品『大鏡《おおかがみ》』であったことは、決して偶然ではないだろう。

つまり、日本社会は古代において中華文明の強い影響のもと脱耳鼻削ぎの姿勢を貫いていたものの、独自の政治・文化路線を歩むや、一転して中華文明の影響力が薄い地域と同様、耳鼻削ぎ刑を採用し、それに女性のための刑罰としての意味を付与しはじめたのである。この転換は、法制史のうえでも、日本の古代と中世を分かつ重大な転換であったといえる。

中国隣国型と辺境型

日本中世史研究者の桜井英治氏は、同じことを「中国隣国型」と「辺境型」という二つの用語から説明している。経済史をおもな専門とする桜井氏は、とくに、この二類型を銭貨の自鋳と輸入という問題から導き出している。これは耳鼻削ぎの問題を考えるさいにも大いに参考になるので、以下、その論旨を少し紹介しよう。

周知のとおり、古代において日本は、中華文明をまねて富本銭《ふほんせん》や和同開珎《わどうかいちん》をはじめとする銭貨を自ら鋳造していた。古代の日本は東アジアの動乱に対処するため、中国の専制体制を模倣し、対外戦争の脅威を背景に戦時体制を敷いていた。その経済的負担たるや莫大なものがあり、銭貨の鋳造は、まさにそのコストをまかなうためのものだった。これは同時代の朝鮮半島も同じで、中国隣国型国家は大なり小なり、戦時体制と銭貨の自鋳を運命づけられていた。

ところが、同じアジアの国々でも、中国から遠く離れたジャワなどの辺境型国家は対外的脅威がないぶん、銭貨自鋳の動機が生まれず、けっきょく国内の通貨は輸入した中国銭とそれを模倣した私鋳銭でまかなうようになる。

こうした中国隣国型と辺境型という二類型でアジアの国々をみていったとき、日本社会は、古代において中国隣国型の国家体制をとりながらも、中世に入ると一転して辺境型の国家体制にシフトしたといえる。最初は銭貨の自鋳を行っていた日本国は、平安前期の乾元大宝《けんげんたいほう》（皇朝十二銭の最後）を最後に銭貨の自鋳を諦め、以後、中国銭の輸入で自国通貨をまかなうようになる。中世国家は古代国家ほどには慢性的な対外的脅威もなく（モンゴル襲来はあくまで一時的なもの）、広大な都城や大規模な遠征事業も必要としない低コスト型の国家だったのである。当然ながら、銭貨を自前で用意するほどの強い必要性も生まれえなかった（わずかに、きわめて特異な天皇である後醍醐天皇が銭貨の鋳造を発案するが、けっきょくそれも実現することはなかった）。桜井氏は、これを古代から中世の「国家体制の一大転換」と位置づけている。

桜井氏は、この中国隣国型と辺境型の二類型を、銭貨の問題だけではなく、最近では省陌法《しょうびゃくほう》（一〇〇枚以下の一定枚数の銭の束を一〇〇枚とみなして通用させる商慣行）や親族組織（父系制や双方制）、封建制の説明にまで敷衍《ふえん》している。その問題提起にならえば、まさに本書で扱った耳鼻削ぎ習俗も、辺境型社会の特徴として説明することができるだろう。中国隣国型国家から辺境型国家への国家体制の一大転換を遂げた中世日本は、中国由来の法体系から離脱し、新たに耳鼻削ぎ習俗を、その慣習法の体系のなかに採り入れていったのである。本書で縷々《るる》述べてきたことを世界史的なスケールに位置づけると、そういうことになる。

さらに同じことは、かつて拙著『日本神判史』（中公新書）で扱った神判についても指摘できるかもしれない。神判とは、熱湯に手を入れたり、焼けた鉄片を持ったりして、その火傷《やけど》の具合で罪の有無や訴訟の勝敗を決める神明裁判のことであるが、日本の場合、律令導入以前の社会に神判が盟神探湯《くかたち》として存在したにもかかわらず、律令導入以後はそれがいっさい行われなくなる。神判の不採用も、中国と、その隣国型国家の大きな特徴であるから、この時点で日本社会は一度神判を捨てたのだろう。ところが、中世になると、参籠起請《さんろうぎしょう》や湯起請《ゆぎしょう》、鉄火起請《てつかぎしょう》といった神判がふたたび盛行をみるようになる。神判も、耳鼻削ぎと同じく、中国・朝鮮を除くユーラシア大陸各地で広くみられる習俗である。おそらく中国隣国型国家から辺境型国家への転換にともない、中世日本では、辺境型社会の特徴である神判が復活することとなったのだろう。

意外に思われるかもしれないが、日本の中世社会は中国や朝鮮よりも東南アジア・南アジア・西アジアにずっと近かったのである。

耳鼻削ぎ文化からの離脱

ところが、日本社会は一七世紀あたりをさかいに、そうした辺境型社会から離脱をはじめる。近世に入ると、江戸幕府は「寛永通宝《かんえいつうほう》」をはじめ金貨・銀貨・銭貨を自鋳するようになるし、神判もしだいにその適用例は減少してゆき、明確な「法度《はっと》」にもとづく裁判が定着していく。

また、封建制自体も、かつて「集権的封建制」とも呼ばれたほど、日本近世の封建制は他地域とは異なり、より集権性の強い体制へと移行することになる。そしてほかならぬ耳鼻削ぎ刑も、一七世紀末から一八世紀初めあたりをもって、社会の表舞台から退場してゆくことになるのは、すでに本書でみたとおりである。

現在、私たちの身のまわりに耳鼻削ぎや神判が存在せず、そうした事柄を「気持ち悪い」とか「グロテスク」と受け止める感性も、一七世紀の転換が生んだものといえるだろう。日本社会は、ここで辺境型社会の特質を脱ぎ捨て、ほかの辺境アジア地域とは異なる「未開から文明へ」の道程を歩みはじめたのである（それが正しい選択であったか否かは軽々に評価することはできないが）。

しかも、こんどの転換は、決して中国隣国型国家への回帰ではなかった（たとえば、同じ儒教を奉じながらも、近世日本の儒教文化と中国・朝鮮のそれはかなり様相が異なる）。新たに西洋文明との接触を経験したこともあって、近世日本は、いずことも異なる、また独自の路線を歩みはじめたのである。

それが何によってもたらされた転換なのかを考えることは、とても本書のなかでなしうることではない。しかし、こと耳鼻削ぎの消滅についていえば、戦国争乱のなかで、それが過剰なまでに乱用され、本来の意味が失われてしまったことへの反動が大きかったように思われる。

たしかに耳鼻削ぎ刑は世界各地にもみられるものだった。しかし、さまざまな海外の事例を見渡してみても、戦場で耳鼻削ぎがここまで多用され、またそれにともない、ここまで独自な作法や習俗をつくりだした地域はほかにない。「鼻を削ぐときは唇ごと削ぐ」だとか、「耳を削がれたときのために耳に名札をつける」だとか。そんな習俗を生み出した日本の一六世紀の戦国争乱は、世界史的にみても、かなり激烈な内戦だったといえるのではないだろうか？　しかも、そのなかで耳鼻削ぎは従来のシンボリズムを独自に肥大化させ、変容させていった。何にせよ、フェティシズム的な発想のもとに事象を独り歩きさせてしまうのは、当時の日本人の特性の一つといえるが、とくに耳鼻削ぎにはそうした傾向が強くうかがえる。

そのとき形成された戦場での耳鼻削ぎ習俗が、戦乱収束後も一〇〇年以上にわたって社会に影響をおよぼし続けたことを思えば、ことの重大さは明らかだろう。戦国争乱の経験を経た後、耳鼻削ぎ刑は本来のジェンダー性や人命救済措置としての〝やさしさ〟を失い、「見せしめ」刑としての性格を強くもつようになる。そうしたなかで、あまりに過剰な耳鼻削ぎは、いつしか血なまぐさい前時代の象徴となっていたのではないだろうか？　そのため、江戸開幕後一〇〇年の時が流れ、近世社会が独自に本格的な「文明」化を模索しはじめたとき、真っ先に耳鼻削ぎには「未開」的な負の価値があたえられ、静かに退場を迫られることにもなったのだろう。その意味では、戦国時代の混沌《カオス》は、その次に続く近世日本に大きな規定性をあたえたといえよう。

「戦国の記憶」を求めて

本書では、文献史料から確認される耳鼻削ぎの実例を紹介するだけではなく、各地に残る耳塚・鼻塚伝承についても分析を試みた。残念ながら、耳塚・鼻塚の伝承から史実にたどりつくことはできなかったが、そのかわりに戦国合戦に仮託するかたちで耳にまつわる治病の信仰をつくりだしていった地域の人々の興味深い信仰形態を明らかにすることができた。

しかし、考えてみれば、元来は立地や地形に由来する名称だったはずの耳塚や鼻塚に戦国合戦の耳鼻削ぎ習俗のエピソードを仮託した人々は、いったいどこからその発想を得たのだろうか？ そうしたイマジネーションは、まったく何もないところから思いつくものでもないだろう。そこには、やはり彼らのあいだに連綿と語り伝えられた「戦国の記憶」があったのではあるまいか？

今回、個々の耳塚・鼻塚の伝承から直接に史実を導き出すことはできなかった（まだ未調査の耳塚・鼻塚にわずかな期待をつなぐことはできるが）。しかし、これだけ日本全国に耳鼻削ぎ伝承をともなった耳塚・鼻塚が存在し、また実際の戦国時代の戦場であれだけの耳鼻削ぎが繰り返された事実は、やはり気になる。それらの塚の背後に、実際にわが国で過去に行われていた耳鼻削ぎの記憶が投影されていた可能性は、依然としてあるのではないだろうか？

耳塚・鼻塚を虚構と断ずる柳田説と史実と認める南方説、いずれも悩ましく甲乙つけがたいと最初に述べた理由はまさにそこにある。各地に残る耳塚・鼻塚は、たとえそこに本物の耳や鼻は埋まっていなくとも、戦国時代の戦場に横行し、一八世紀初めに刑罰としても姿を消した耳鼻削ぎの鮮烈な記憶の残滓《ざんし》だったのではないだろうか？

わが国の耳鼻削ぎの数百年の歴史を振り返ったいま、南方説を否定しておきながら、私自身は、なお内心で耳塚・鼻塚に一片の史実が反映していた可能性を捨て切れないでいる。

補論

中世社会のシンボリズム——爪と指

「明恵上人樹上坐禅像」（国宝、栂尾山高山寺蔵）。右耳を切るほど求道に励んだ明恵は、栂尾で晩年を過ごす。高山寺の後山には坐禅の遺跡が現存。

バスルームで爪切り

あるとき、脚本家で映画監督の三谷幸喜さんのエッセイを読んでいて、妙なくだりに興味をひかれたことがある。
三谷さんの新作映画がイギリスで上映されることになり、舞台挨拶に出向いたときのこと。彼はスピーチにとっておきの英語ジョークを仕込んで臨んだところ、予想通りの大爆笑。みごと、笑いは国境を越える、という思いを実証したのだった。ところが、その短いエッセイの末尾は、次のような予想外のオチで閉じられる。

ただし一番客席が沸いたのは、意外にも田中邦衛さんが部屋で足の爪を切るシーン。向こうでは爪はバスルームで切るもので、相当ヘンな光景に見えたらしい。布団の中で頭を洗っているようなものか。（「外国語スピーチはまかせて」『三谷幸喜のありふれた生活（第一巻）』朝日新聞社・二〇〇二年）

三谷さん一世一代の英語ジョークも文化の違いから生じる笑いには叶わなかった、といったところだろうか。ここで、もちろん私が気になったのは、イギリスでは「爪はバスルームで切るもの」という話。考えたこともない話だったし、これまで洋画や海外ドラマなどでそんなシーンは見たこともない（そもそも映画中で足の爪を切るシーンが描かれることなど、そうあるはずもないのだが）。

そこで私は、以後、欧米人の知人ができるたびに、「爪はどこで切るか」という珍妙な質問を繰り返してみた。怪訝な顔で返答する彼らの答えを総合すると、どうやら、たしかに三谷さんがエッセイで述べるとおり、あちらでは爪はバスルームで切るものらしい。しかも、この場合の「バスルーム」とは風呂ではなくトイレのことで、切った爪はそのままトイレに流してしまうのだという。爪は一種の排泄物、という認識なのだろうか。だとすれば、映画を見たイギリスの観客たちが感じた驚きは「布団の中で頭を洗っている」どころではないのかも知れない……。

しかし、爪が排泄物？　言われてみれば、そうとも言えるが、この認識は多くの日本人には、やはり、かなりの違和感があるのではないだろうか。私はまだ切った爪をわざわざトイレに流すという日本人には出会ったことがない。この微妙な違和感は、はたして何に由来するものなのだろうか。

本書『耳鼻削ぎの日本史』では「耳」や「鼻」「髪」にまつわる中世人独特のシンボリズムを紹介した。しかし、実際には中世社会はさらに多様なシンボリズムに彩られており、それが理解できないと、本当の中世人の心性にはなかなか迫ることができない。ここでは、文庫版を手に取ってくださった方々へのせめてものサービスとして、同じ身体をめぐるシンボリズムでありながら、元版で語り残してしまった「爪」や「指」に対する、さらに微細なシンボリズムについて、〈補論〉として紹介しておきたい。

爪の垢を煎じて飲む

日本人の爪をめぐる意識を遡れば、遠く『日本書紀《にほんしょき》』の神代の記述にまで遡る。スサノオがアマテラスの怒りを買って、高天原《たかまがはら》から追放される有名なくだりである。ここで、スサノオは手足の爪を切り捨てられ、天上界から追放されている（巻第一）。これについて『日本古典文学大系』（岩波書店）の校注は、フレイザーの『金枝篇《きんしへん》』の諸事例を傍証として「爪や毛髪は切りとられた後も体の一部であり、それに呪術をかければもとの体に害を与えると考えられていた」とし、これがスサノオに対する呪術的な制裁であったと説明している。事実、『日本書紀』では、その続きで「世人慎みて己《おの》が爪を収むるは、これ、その縁《ことのもと》なり」と述べて、今でも人々が切った爪を大事にするのは、そのためである、という解説が加えられている。民俗学研究でも指摘されているとおり、日本社会では古来、切った後の爪を大事にする習慣があった。しかし、それは決して近世～近代に生まれたものではなく、遥か古代にまで遡るものだったのである。

こうした爪に対する人々の考え方は、中世に下ると、仏教思想とあいまって、さらに独特な意味合いを帯びるようになる。長野県上伊那郡辰野町の上島《かみじま》普門院《ふもんいん》に残された十一面観音像（国重要文化財）の内部には、次のような文書が納入されていた（『鎌倉遺文』二八三〇七号、原漢文）。

敬白　切爪十一面御身に入れ奉る事

右、志は、現世救病、無□（病カ）除□□、弥生福寿、興隆仏法のためのゆえなり。

良禅敬白

元亨三年正月十四日　大歳癸亥

当時、仏像を作ると、その発願者たちはその仏像の内部をくり抜いて、その中に願文《がんもん》などを納入することがあった。こうして仏像に内蔵されて、現在に伝わった文書を「胎《たい》内文書《ないもんじょ》」とよぶ。これもそんな文書の一つ。良禅という人物が鎌倉時代も終末の元亨《げんこう》三年（一三二三）に自身の健康と来福・仏法興隆を祈願して、この十一面観音像の胎内に納入した文書である。しかし、このとき良禅が仏像内に納入したのは、この文書だけではなかった。文書の冒頭に記されているとおり、彼は文書と一緒に自身の「切爪」を仏像に納めたのである。祈願が確実なものとなるよう、自分の身体の一部である爪を仏像に捧げたのだろう。これにより爪は仏像と融合し、まさに彼の身体は仏と一体となったのである。

爪を寺院に奉納する習俗は、他にも中世に広く見られた。京都郊外の高山寺《こうざんじ》の境内には、高さ二三七センチ、わが国では初期の作例として国の重要文化財に指定されている宝篋印塔《ほうきょういんとう》（石塔の一種）がある。高山寺の由来を記した『高山寺縁起』によれば、この塔は高山寺を中興した明恵《みょうえ》の遺徳を偲ぶため、「大唐育王塔の形」を模して、彼の死の七年後の暦仁《りゃくにん》二年（一二三九）一月二十四日に造立したものだという（明恵とは、本書35ページで片耳を切り落とした、あの僧侶である）。このとき、この石塔の中には「彼の髪・爪」が納められている。本来なら遺骨を納めるべきところだが、それが諸事情により叶わない場合、髪や爪は本人を象徴する部位として、それに代用されたのである（なお、現存する宝篋印塔を『高山寺縁起』に記された髪爪塔と同一のものとする見解については異論もある）。

また、室町中期の公家、高倉永豊《たかくらながとよ》（一四〇七～七八）は、文安二年（一四四五）四月に紀州高野山に参詣している。そのとき彼は弘法大師の眠る奥の院にまで参り、やはり自身の「髪・爪等」をそこに納めている。彼の日記『高倉永豊卿記』によれば、そのときは彼だけではなく、同行した人々も、そろって同様の所作を行ったという。

誰もが知る「爪の垢を煎じて飲む」という諺は、「爪の垢のようにごくわずかなもの、汚いものでも、りっぱな人の垢なら煎じ薬にして飲めば、少しはその人に似るだろうの意から」生まれたものである（『故事ことわざ辞典』学習研究社・一九九八年）。その前提には、欧米ほどではないにせよ、爪を「ごくわずかなもの、汚いもの」とする現代人の認

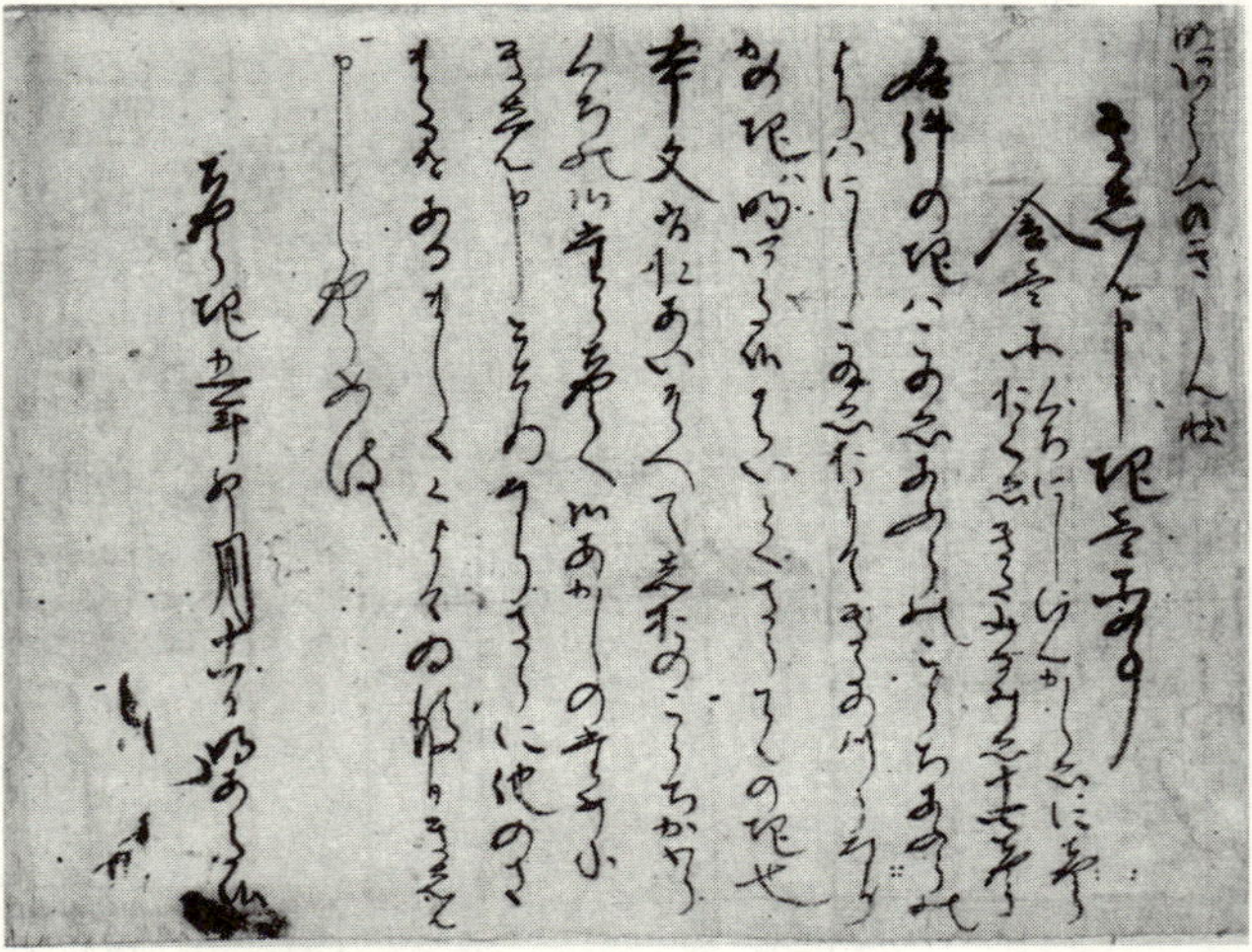

明阿弥陀仏屋地寄進状　貞治5年（1366）4月18日（国立歴史民俗博物館所蔵 田中穣氏旧蔵典籍古文書）

明阿弥陀仏という女性が京都の土地を寄進する意志を表わした文書。花押（サイン）のかわりに左の最末行に拇印、さらにその左側に爪印を捺している。半月形の五つの墨痕が爪印で、上から右手中指、右手人差し指、右手親指（逆向きの半月形）、左手人差し指、左手中指と考えられる。

識が横たわっている。しかし、少なくとも、これまであげた古代・中世の爪をめぐる認識を見るかぎり、爪を「ごくわずかなもの、汚いもの」として片付けるわけにはいかないだろう。むしろ「爪の垢……」の諺には、爪をその人を象徴するものと見る意識が反映されていると見るべきかも知れない。

古文書学の世界では、本人識別のために文書に花押《かおう》（サイン）や印判が据えられるのが常識だが、それ以外にも「爪印」や「爪点」と呼ばれるものもある。文字の書けない庶民などが、自身の爪の形を文書に押し付けたり、墨をつけて捺《お》したりした痕跡のことで、そのていどのものなら簡単に偽造されてしまうとも思えるが、これも当時は立派な本人識別のしるしとされていた。爪の形は万人で異なると考えられていたようだ。たかが爪、されど爪。当時の人々は、人体における極小部位ではあるが（であるからこそ）、爪に象徴的な意味をもたせ、人格を象徴する役割を担わせていたのである。

「爪をトイレに流す」と聞いて、私たち現代日本人が感じる言葉にできない違和感の背後には、こうした歴史的な通念が横たわっているのではあるまいか。

信長と蘭丸

そう考えて、江戸初期の物語類を読んでみると、爪をめぐる一つの共通するモチーフがみえてくる。たとえば、織田信長とある小姓の有名なエピソード。

ある日、信長が爪を切っていたところ、かたわらにいる小姓が甲斐甲斐しくも、その切った爪を一つ一つ丁寧に拾っていた。やがて爪も切り終わった頃、信長がそばを見ると、小姓は何かを一生懸命探している様子。「何をたづぬるぞ?」と尋ねてみたところ、小姓は「御爪ひとつ足らざる」と言って、切った爪の欠片を探しているのだという。なんだ爪の一つぐらい……、と解しかねた信長が袖をはらったところ、そこから一つ、爪の欠片がはらりと落ちる。見当らないと思っていた爪の欠片は信長の袖にひっかかっていたのだ。これを見た信長は感激し、「物事は何事もこのように念を入れて行わねばならない」と言って、この小姓に褒美をあたえた、という。些細なものにも気を抜かずに奉公を行う小姓を賞した逸話である。

なお、信長の小姓といえば森蘭丸《もりらんまる》（一五六五〜八二）が有名だが、この小姓はとくに名前は伝わらない。ただし、この逸話の出典は江戸初期の『備前老人物語《びぜんろうじんものがたり》』であるが、それより後に成立した『老談一言記《ろうだんいちごんき》』（新井白石《あらいはくせき》著）、『朝野雑載《ちようやざつさい》』（貝原益軒《かいばらえきけん》著）などでは、これに似た話の小姓は森蘭丸であったことになってしまっている。信長の小姓として森蘭丸があまりに有名であるために、のちに主人公が入れ替えられてしまったのだろう。しかし、この話はもとはただの無名の小姓の逸話で、決して信長と蘭丸の特別に濃密な関係や、蘭丸の人並みはずれた気配りを物語る逸話だったわけではなかったようだ。

さらに、これと似たような話が、武士道書として有名な『葉隠《はがくれ》』に載っている。佐賀藩の藩祖、鍋島勝茂《なべしまかつしげ》（一五八〇〜一六五七）が、あるとき爪を切っていた。ひととおり切り終わると、勝茂はそばにいた小姓、志波喜左衛門《しばきざえもん》に「これを捨てよ」と命じた。喜左衛門は幼少の時分から勝茂のそばに仕えていた小姓である。爪を受け取った喜左衛門は、それを手のひらに載せて、しげしげと見つめたまま動かない。勝茂が「どうかしたのか？」と問うと、喜左衛門は「一つ足り申さず」と答える。それを聞いた勝茂はニヤリと笑って、隠しておいた爪の欠片一つを喜左衛門のまえに突き出して、「ここにある」と言ったという（『聞書』七）。勝茂は喜左衛門の気遣いをテストするため、あえて意地悪をして爪を一つ隠したのだった。

他愛もない話である。ただ、さきの信長の逸話と構成がよく似ており、主君の爪一つも疎かにしない、ということが小姓の美徳として賞賛されている。そこには、一見すると爪を「ごくわずかなもの、汚いもの」とする現代人と同じ認識があるかのようである。しかし、さきの中世人の爪に対する意識をふまえて考えると、はたしてそれだけで良いのだろうか。

たとえば、インドネシアのバリ島では、爪に対する強固なタブーがあった。

それは害を与える相手の持物やもともとからだの一部だったもの——服・髪・爪の切り屑・唾液、さらには足跡の土に至るまで——を所有することを通じて、その人の肉体的精神的状態を支配する力を得るということである。……このため、バリ人は爪の切り屑や髪や歯の削り屑といったものはすべて気をつけて埋めるのである。

（ミゲル・コバルビアス『バリ島』、関本紀美子訳）

こうした意識が日本では『日本書紀』の時代から見られたことは、前節で述べたとおりである。また、爪を自身の分身とする意識が中世社会にあったことも、すでに見たとおり。だとすれば、この信長や鍋島勝茂の逸話も、中世日本人の爪に対する強烈なシンボリズムを前提にして解釈する必要がありそうだ。主君の爪の一つでも、主君を恨む者どもの手に渡っては一大事。爪一つにまで細心の注意を払うのは並々ならぬことではあるが、それだけのことをしてこそ忠義の家臣なのである。これらの逸話には、そんなメッセージが籠められているのではないだろうか。

棺に小指を投げ入れる

このていどで驚いてはいけない。爪ですらこうなのだから、指にいたっては、中世では、さらに強烈な意味合いがもたされることになった。

たとえば、戦国時代に日本を訪れた宣教師ルイス・フロイスは、日本社会の葬儀の様子について、次のような衝撃的な証言を残している。

ヨーロッパでは、主人が亡くなると召使いたちは泣きながら墓まで随伴して行く。日本では、ある人びとは切腹し、また大勢が指先を切って、それらを屍を焼く火中に投げこむ。（『フロイスの日本覚書』、松田毅一、E・ヨリッセン訳）

誰かを火葬しようとすると、日本では死者を慕う大勢の人々が次々と自分の指を切り、火中にその指を投じてゆくのだという。想像するだにシュールな光景であるが、これは決して外国人の偏見が生み出した虚像ではなかった。

実際に永禄《えいろく》一二年（一五六九）七月、日向《ひゅうが》国（現在の宮崎県）の戦国大名、伊東義益《いとうよします》（一五四六～六九）の葬儀に際しては、家来の者たちが「さあらば、お供つかまつらん」と言って、神前の板敷に小指をさしあてて刀でこれを切断し、次々と棺桶の中にその小指を投げ入れるという光景が見られた。そのために、切断されたいくつもの指から滴り落ちる血は棺桶を漏れ出て、社壇は真っ赤に染まり、まるで朱の瑞籬《みずがき》（神社の玉垣）のようだったという（『日向記』（卜翁本）巻第八「田原山陣并義益朝臣早世事」）。

そのほか、キリシタン大名としても有名な肥前《ひぜん》国（現在の長崎県）の大村喜前《よしあき》（一五六九～一六一六）も、慶長《けいちょう》三年（一五九八）、その夫人が死去した際に「切指して不具人となることは天主（清水注：キリスト教の神）の意に適せず、また死人のため裨益とならざる」として、家臣たちが小指を切ることを禁止している（『日本西教史』第十二章、太政官翻訳係訳）。大村喜前の場合、キリスト教徒の立場から指切りを卑俗な迷信と考えて忌避していた。しかし、それ以外の圧倒的多数の人々には、指切り習俗は死んだ主人やその親族への忠誠の証しとして、意外に受け入れられていたようだ。

さらに、こうした習俗は、その後の江戸前期にも広く受け継がれていった。元和《げんな》七年（一六二一）、平戸松浦《まつら》氏の一族である松浦信実《のぶざね》が死去したときに起きた出来事を、イギリス商館長のリチャード・コックス（一五六六〜一六二四）は、その日記に次のように記している。

死者（松浦信実）に仕えた三人の従者は共に腹を切ろうとした。つぎの世まで彼に仕えようとする、しかもそれが必ずできると確信しているのである。王（松浦隆信《たかのぶ》）はしかしこれを許さなかった。多くの友人はその小指の先の関節を二節だけ切取って、これを死体と一緒に焼くために火の中に投げ入れた。これは彼等が自ら大きな名誉であると考え、また彼に対するせめてもの奉仕だと考えているのである。

（『イギリス商館長日記』一六二一年九月二十四日条、岡田章雄訳）

この時期、死んだ主人のあとを追って家臣が自害する行為（殉死）はしばしば見られたが、その背後には「つぎの世まで彼（主人）に仕えようとする」当時の人々なりの強い信念があった。しかし、平戸藩主松浦隆信（一五九一〜一六三七）がこれを許さなかったところ、家臣たちは小指の第二関節から先を切り取って、荼毘《だび》に付される火中に一緒にその指を投げ入れたという。それは、リチャード・コックスに言わせれば「大きな名誉」であるとともに「彼（主人）に対するせめてもの奉仕」だった。

同じく、慶安《けいあん》四年（一六五一）正月、長州藩の初代藩主であった毛利《もうり》秀就《ひでなり》が没した際も、江戸留守居役の福間《ふくま》就辰《なりたつ》は殉死を願い出たがそれが許されなかったため、小指を切って、それを棺のなかに納めている（『公儀所日乗《こうぎしよにちじよう》』）。つまり、自身の小指を主人の亡骸とともに火中に入れるというのは、本来なら殉死すべきところ、それが叶わぬ場合の行為であり、そこに籠められた意味は、殉死同様、「つぎの世まで彼（主人）に仕えようとする」強い意志であり、まさに小指は自身の命のかわりであったのだ。

指灯供養

〝虎の子渡し〟の石庭で有名な京都・龍安寺《りようあんじ》の創建開山となった義天玄詔《ぎてんげんしよう》（一三九三〜一四六二）という禅僧がいる。彼はきわめて峻厳な性格で、他人に対して何事も一切の容赦をしない人物だった。おかげで弟子たちは彼のまえに出ると粟粒のような冷や汗を浮かべ、周囲の者もあえて彼に近づかず、彼を非難する声も多かった。彼がそんな人格を形作ったのは、若い頃、建仁寺で蔵主《ぞうす》という役職を務めたときだった。その任期を終えるにあたって、彼は寺内にあった臨済宗の開祖栄西《えいさい》の墓塔の前で「一指」を燃やして誓いを立て、寺を出た。そのとき指を燃やしながら彼が墓前で誓った内容が、自分に対しても他者に対しても一切の妥協をしない彼流の傲岸不遜な生き方だったという。以来、彼は諸国諸寺を遍歴するが、生涯その峻烈な生き方を貫いたとのことである（『碧山日録《へきざんにちろく》』寛正《かんしょう》三年三月二十一日条）。みずからの指を切り取るのみならず、それを燃やして誓いを立てる、というところに、すでに彼のエキセントリックさが際立っている。この事例からも明らかなように、故人への思慕の情から自身の指を捧げるという習俗は、戦国から室町へ、俗人から僧侶へと、さらに遡ってゆく気配である。

実は、この室町の禅僧のエキセントリックな行為のルーツは、より遡れば仏教の経典にまで行き着く。法華経（「薬王菩薩本事品《やくおうぼさつほんじほん》」）には、釈迦が宿王華菩薩《しゅくおうけぼさつ》に勧めた修行として「指灯供養」という行為が見える。このとき釈迦は次のように述べたとされる。

> もし発心して阿耨多羅三藐三菩提《あのくたらさんみゃくさんぼだい》を得んと欲することあらん者は、よく手の指、ないし足の一指を燃して仏塔に供養せよ。国城・妻子および三千大千国土の山林河池、もろもろの珍宝物をもって供養せん者に勝らん

もし信心をもって最高の理想的な悟りを得たいと思うのならば、自分の手の指、あるいは足の指を燃やしてでも、仏塔の供養を行え。それは国や城、妻子や世界中の山河や、数多の財宝をもって供養するよりも優れたものである

手の指、足の指を燃やして、仏を供養する——。とはいえ、そもそもは強い自己犠牲を求める比喩として使われた表現だったのだろう。しかし、その後、中国でも北周の僧崖（『法苑珠林《ほうおんじゅりん》』）のように、これを仏道修行の一環として実際に行ってしまう過激な者も現れるようになった。この法華経の記述は、中世日本でも広く知られていたらしく、鎌倉時代には、日蓮《にちれん》（一二二二～八二）も書状（『鎌倉遺文』一一八一〇号）のなかで「法華経の第七巻、三千大千世界の財を供養するよりも、手一指を焼て仏法華経に供養せよと説かれて候は、これなり」と述べているし、鴨長明《かものちょうめい》（一一五五～一二一六）も仏教説話集『発心集《ほっしんしゅう》』（第三ノ七）のなかで引用している。さきの室町の禅僧の「一指」を燃やす行為も、この指灯供養の系譜に連なるものといえるだろう。

平安～鎌倉時代に書かれた往生伝とよばれる高僧伝のなかから、そんな「指灯供養」を実践した僧侶たちの具体的な逸話を二つ三つ拾ってみよう。

平安中～後期を生きた仙命という僧は、人界を離れ僧坊に籠り、ひたすら仏道修行に生きる敬虔な人物だった。その敬虔さたるや、額に「三宝《さんぽう》」（仏・法・僧）の文字を彫り、

背中に阿弥陀如来の姿の刺青を入れるほどであった。ある日、四天王寺に詣でたおりには、ついに聖徳太子を祀る堂のまえで、みずからの中指を切って灯火にくべて、太子像の供養を行うことまでした。すると、灯火の炎のなかから青色の竜が立ち現れ、そのありさまは身の毛もよだつばかりだったという。後に知るところによれば、この竜は四天王寺の守護神だったらしい。仙命は、その後もあちこちの寺で残りの手足の指を燃やして、仏を供養したという。この逸話を伝える『拾遺往生伝《しゅういおうじょうでん》』（巻上の九）によれば、そのつど仙命の夢のなかに人が現れて極楽往生を約束してくれたり、空中に声が響いて功徳のある行いを賞賛してくれたり、ということが続き、彼は無事に大往生を遂げたとのこと。

あるいは、平安中期に生きた定照《じょうしょう》（定昭）僧都《そうづ》も、そんな過激な指灯供養の実践者の一人だった。彼は生涯女性と交わることがなく、ただひたすらに法華経に心を傾ける僧だった。しかし、そんな彼でも魔がさすことはあるのだろう。あるとき、何を思ったのか、人差し指でもって、そばにいる女性の身体を撫でてしまった。我に返った定照は取り乱し、周囲の者たちに向かって、こう宣言した。

「この指で女人に接触し、罪を犯してしまった！　すべては、この指がいけないのだ！」

言うが早いか、彼はすぐに自分の人差し指を切り落として火中に投じ、三宝を供養して、深く懺悔したという。往生伝『大日本国法華験記《だいにほんこくほっけげんき》』は「些細な罪でもここまで狼狽するのだから、まして定照にいたっては他に大それた罪を犯そうはずもない」（巻中、第四二）と持ち上げているが、ここまでくると、さすがにどうなのだろう……。

ちなみに鴨長明なども、女性の誘惑が仏道修行の妨げになるという話の流れのなかで、「現在の世でも、手足の皮を剝いだり、指を飛ばしたり、爪を砕いたりして、わざわざ身体に障害を負ってまで仏道を行う人は、その信心に疑いはないのだろうけれど、魔がさして妻を設けてしまう例も意外に多い」と述べている（『発心集』巻四ノ五）。逆に言えば、誰にでもできることではないが、平安〜鎌倉時代には強烈な信仰心の発露として、指切りは一般的なものだったのだろうか。

この他にも、『今昔物語集《こんじやくものがたりしゅう》』には、天智《てんじ》天皇（六二六〜六七一）が夢のお告げにしたがって近江国に志賀寺《しがでら》を建立する話が出てくるが、このとき天智は「灯爐殿」を建てて、右の「名無シ指」（薬指）で御灯明を点け、その指を元から切って石の箱に入れて灯籠の下に埋めたとされている（巻一一ノ二九）。実際に天智天皇がそれを行ったとは思えないが、これも指灯供養の習俗を前提として生まれた話だろう。

あるいは、『宇治拾遺物語《うじしゅういものがたり》』には、額に傷のある謎の山伏《やまぶし》の話が出てくる（巻一ノ五）。その傷を不審に思った侍が理由を問うと、山伏は随求陀羅尼《ずいぐだらに》という経文を埋め込んだ傷だという。わざわざ額を切開して、そのなかに経文を納入したのだろうか。驚いた侍は

「足・手の指など切りたるは、あまた見ゆれども、額破りて陀羅尼こめたるこそ見るともおぼえね（足や手の指を切る人は多く見るが、額を切り破って陀羅尼を籠める人など見たこともない！）」と感嘆する。ところが、その会話を聞いていた若侍が割り入って、真相を暴露してしまう。「陀羅尼を籠めるなんて、とんでもない。それは人妻と浮気している現場を夫に見つかって、額をかち割られた傷だよ」。

とんでもない山伏もいたものだが、このとき侍が「足・手の指など切りたるは、あまた見ゆ」と発言しているのは見過ごせない。平安時代、信仰心から手足の指を切り落とす人は想像以上に多かったのかもしれない。

基層信仰のシンボリズム

しかし、古代～中世の日本で行われた指切りが、すべて仏教的な指灯供養に源流をもつと考えることは難しそうだ。ここで視点を海外に向けてみよう。

本多勝一さんの有名なルポルタージュ『ニューギニア高地人』（朝日新聞社・一九六四年）には、インドネシアのモニ族の集落での、指のない老女との印象的な出会いが描かれている（秋山基氏のご教示による）。彼女は両親指以外、一〇本中八本の指がなかったが、「ニューギニア高地では、親や子供などの親族が死ぬと、女は指を切って死者に哀悼の意を表する習慣がある。これは習慣であるから、厭《いや》でも何でも切ることになっている」。本多さんは彼女の家を訪ね、指を失った由来を尋ねると、それぞれ八本の指は、右人差し指から夫・女乳児・女子・男子、左人差し指から母・男兄弟・父・男子、のために捧げられたとのこと。この集落では他にも指のない女性がいて、「一般に小指の方から切ってゆくことが多いが、人さし指を最初に切っている例もある。……成人女子では、一人平均三本くらい指がない」という。「切る指に斧《おの》の刃先をあてておいて、その斧を男が丸太でぶんなぐる。とたんに指はふっとんで……」と、その後も彼女は指切りの手順についての説明を続ける。

こうした習俗を、文化人類学では「哀悼傷身の風俗」と呼んでいる。それはインドネシアに限られたものではなく、古代オリエントに起源をもち、西にはバルカンからイタリア、アフリカに伝播し、東はオーストラリアとポリネシアのほぼ全域、メラネシアにもかなりの分布を示し、遠く北米大陸にまでわたるとされる。戦国日本で行われた指切りも、仏教的な指灯供養の伝統もさることながら、むしろこの人類史的な習俗の一環であったと考えるほうが適切だろう。

実際、大化《たいか》二年（六四六）三月、いわゆる「大化の改新」の一環として出された新政権の詔のなかには、「誄《しのびごと》」とよばれる死者への弔い習俗があげられている。そこでは、死者のための人や動物の殉死や、副葬品の埋納とともに「亡人のために髪を断り股《もも》を刺《き》して誄す」ることが禁じられている（『日本書紀』大化二年三月甲申条）。ここにはストレートに指切りの習俗は見えないが、故人のために自身の身体を毀損する文化は、日本社会に仏教が浸透する以前から古い慣習（基層信仰）として根付いていたことがわかる。

そのため奈良時代に入ると、朝廷に従わずに在野で布教を繰り広げた有名な僧、行基《ぎょうき》（六六八〜七四九）の配下の者たちは、「朋党を合せ構へて、指臂《しひ》を焚《や》き剝ぎ」、「身を害し指を焼」いていたことが、すぐに問題視されている（『続日本紀《しょくにほんぎ》』養老元年四月条、『類《るい》聚三代格《じゅさんだいきゃく》』）。また、律令のなかの僧尼令《そうにりょう》の焚身捨身《ふんしんしゃしん》条についての『古記』の注釈は、「焚身」については「指を灯し身を焼き尽くすなり」、「捨身」については「身皮を剝ぎ経を写す」と説明されている。この時代からすでに、カルト的な活動をしている在野の過激な仏教徒のなかには、指を燃やしたり、皮を剝いで人皮に写経を行う者たちが現れており、朝廷も看過できない事態となっていた。これも直接には仏教の指灯供養の習俗に連なるものだろうが、それが在野の僧徒に大きく受容された背景には、それ以前から日本社会にあった土俗的な「誄」の伝統があったためと考えるべきだろう。

本書の本編で、耳鼻削ぎがユーラシア全域に広がる耳鼻削ぎ文化の一環であることを強調したが、指切り習俗もまた同様に人類史的スケールをもつ文化だったのだ。

中世的シンボリズムの黄昏

以上のように、日本における指切りの習俗は、仏教浸透以前の基層信仰としての死者への手向けとしての指切り（「誄」）を源流としつつ、奈良・平安時代にはそれが仏教由来の「指灯供養」として宗教者のあいだで流行をみせ、やがて戦国時代になると主人などが死んださいに家臣が忠誠心から行う指切りに姿を変えていったといえるだろう。大局的にみれば、古代以降の指切りは仏神に捧げるものであり、それを実行する者は宗教者であったが、戦国時代に入ると、本来の基層信仰の性格が揺り戻され、俗世界の主人に対して、俗人である家来が行うもの、という性格の変化がみられる。戦国時代前後に古代・中世社会がもっていた宗教的・呪術的な性格が次第に世俗化していく傾向がみられることは、これまで様々な観点から指摘されてきた。指切りについても、同様の傾向は指摘できるだろう。

しかし、やがて中世から近世に入り、社会が安定してくると、そもそも指切り習俗自体に大きな変化が現れる。それは耳鼻削ぎと同様、まずは刑罰としての指切りに顕著に現れてくる。

中世社会では、死者や仏への手向けとしての指切りが行われた一方で、犯罪者への刑罰として、しばしば指切りや手切りが行われた。たとえば、鎌倉幕府の史書『吾妻鏡《あづまかがみ》』から指切り、手切りの逸話を紹介しよう。

元暦《げんりやく》元年（一一八四）六月、源頼朝はかねて不遜な振る舞いの目立つ甲斐《かい》源氏の一条《いちじよう》忠頼《ただより》の暗殺を思い立つ。頼朝は忠頼を酒宴にことよせて誘い出し、酒宴半ばで配下の御家人たちに襲わせたのである。しかし、忠頼の家人たちも主人に殉じて必死の抵抗を行い、また頼朝の御家人たちの間にも気後れして、多少の段取りちがいが生じてしまった。その翌日、頼朝は御家人の鮫島四郎宗家《さめじましろうむねいえ》を御前に呼び出し「右手の指」を切り落とさせた。理由は、鮫島が暗殺現場で混乱して敵味方を誤り、同士討ちをしてしまったことによる罰だという。

あるいは文治《ぶんじ》五年（一一八九）九月、奥州藤原氏を滅ぼした源頼朝の軍の一部は、陸奥《むつ》国高水寺《こうすいじ》（現在の岩手県紫波《しわ》町）に駐屯した。高水寺は称徳《しょうとく》天皇の勅願で建てられた寺院とされ、高さ一丈の観音菩薩像を祀る地域の名刹である。ところが、進駐軍の常として、頼朝の兵士たちはこの寺でやりたい放題に暴れた挙句、金堂の壁板十三枚を剝がし取ってしまった。このことを寺からの訴えで知った頼朝は激怒し、不届き者を召し捕え、彼の「左右の手」を切って、切り落とした手を「板」にクギで打ちつけて見せしめとしたという。

このほかにも、嘉禄《かろく》二年（一二二六）二月、京都では、六波羅探題によって捕縛された博徒たちが鼻削ぎとともに指二本を切り落とされる処罰をうけている例などが確認できる（『明月記《めいげつき》』）。いずれにしても、ここに現れた指切り刑には、ある共通する特徴がみられる。それは、彼らが犯した罪が「同士討ち」「盗み」「博奕」と、いずれも手先・指先を使って行われた犯罪であるという点にある。このように犯行時に使用した身体の一部に直接毀損を加える刑罰のことを、法制史の用語で「反映刑」という（たとえば、姦通した男性に対する刑罰としての宮刑などは、その典型例である）。つまり、刑罰としての指切りは、そもそも反映刑としての性格をつよくもっており、もともと手や指を使った犯罪に科される刑罰だったのである。

ところが、戦国時代になると、だいぶ指切り刑の様相が異なってくる。まずは、耳鼻削ぎの歴史でも大きな役割を果たした、あの豊臣秀吉の指切りから見てみよう。

秀吉は京都の治安を維持するため、京都に住む下級武士たちに五人組・十人組というグループを作らせ、連帯責任と相互監視の体制を敷いた（のちの江戸幕府の「五人組」は、これを農村支配の機構として一般化したものである）。慶長二年（一五九七）三月、七ヶ条にわたる「御掟」のうち第三条で、秀吉は五人組・十人組に対して次のような規則を定めている。

一、みぎの組にきらわれ候ものの事、小指を切り、追放すべき事、

つまり、彼らの組織の内部規律によって都市治安を維持しようとした秀吉は、組織内の制裁として追放と指切りを認めたのである。これにより、五人組・十人組から落伍した者には、それとわかる烙印が押されることとなった。ここには、さきほど見てきたよ

うな反映刑としての性格は見られないし、もちろん死者への手向けなどといった宗教的性格はまったくうかがえない。

慶長一九年（一六一四）八月には、徳川家康の家臣でありながらキリシタンであったことから追放処分をうけた原主水胤信《はらもんどたねのぶ》という男が、駿府《すんぷ》城の女房衆と密通していたことが発覚する。武蔵岩付（現在の埼玉県さいたま市）に潜伏していたところを捕えられた原は、翌月、駿府で「手指十」本を切られた後、「足指十」本を切られ、額に焼印を捺される処罰が科せられた。また同月、これに関連して駿府の牢に収監されていたキリシタン二人も、同じく額に焼印を捺したうえ「十の指」を切られ追放されている（『当代記』『駿府記』）。

ここにも、前代以来の指切りにまつわるシンボリズムは、まったくうかがえない。耳鼻削ぎでもそうだったが、ここでは単に苦痛と屈辱をあたえるためだけに指切りが選択されている。死者への手向けや仏への供養のためであった指切りの伝統は、あきらかにここで大きな曲がり角に差し掛かったようである。

愛のかたち——衆道・心中立て

では、「曲がり角」をまがった後、指切りはどのような性格のものとなったのだろうか。最後に近世における指切りの実態を簡単に眺めておこう。

伊達《だて》政宗《まさむね》に衆道《しゅどう》（男の同性愛）の趣味があったことは、すでに戦国ファンの間ではよく知られた話となっているが、これはその史料的根拠とされる政宗その人が恋人の小姓に宛てた有名な手紙の一節である。別の小姓との仲を疑われた政宗が、本命の小姓に対して、必死で浮気の弁解をしているという少々情けない内容だが、そのなかで政宗は自身の潔白を次のような文章で訴えている。少々長いが原文とともに引用しよう。

> せめて我等もゆび《指》をもきり《切》申候事か、さらずバもゝ《股》かうで《腕》をもつき《突》候て、此御れひ《礼》ハ申候ハで、かな《叶》ハぬ事ニ候へ共、はやまごゝ《孫子》をもち申としばへ《歳延》ニ御ざ候へバ、人ぐち《口》めひわく《迷惑》、ぎやうずい《行水》などのとき、こしやう《小姓》共にもみられ申候へバ、とし比《歳頃》ににあハ《似合》ぬ事を仕候といわれ申候へバ、子どもまでのきづ《疵》と存候て、心計にてうちくらし《暮》申候。御存候ごとく、わかき《若》時ハ、さけ《酒》のさかな《肴》にも、うで《腕》をさき、もゝ《股》をつき、そのみち《道》ハたやすく仕候事にて候へ共、いまほどハ世のわらひ《笑》事になり候てハと、ひかへ《控》申候。
>
> （年不詳正月九日　伊達政宗書状、『仙台市史 資料編12 伊達政宗文書3』二八六五号）

せめて私も指でも切るか、そうでなければ股か腕でも刀で突いて、おまえの思いに応えるしかないと思ってはいるが、もう孫もいる歳なので、人聞きも悪いし、行水のときなどに小姓どもにでもその疵を見られでもしたら、きっと「まったく政宗様はいい歳をして、あんなことを……」と陰口を言われて、子供まで恥をかくだろうと思い、この思いは心にとどめて過ごしている。おまえも知っているだろうけれど、私も若い頃は、酒の肴の座興として刀で腕を裂いたり、股を突いたりもして、その道には精通しているつもりだが、最近では世間の笑いものになってはまずいので、我慢しているのだ。

この文書はいつ書かれたものかは不明だが、文中に「孫子を持ち申」とあるうえ、花押（サイン）の形などから、政宗の壮年時代（五〇～五一歳頃）のものと思われる。注目されるのは、浮気の弁明として指切りや腕裂き、股突きがあげられている点だろう。近世初頭のこの時期、指切りは男女や男同士の情愛の証しとなっていたのである。もちろん当人たちにはいたって真面目な行為であったのだろうが、これ以前の指切りの宗教性から比べると、ずいぶん矮小化してしまった印象をうける。しかも、腕裂きや股突きにいたっては、政宗自身、酒のうえでの座興という言い方すらしている。ずいぶん軽いものになってしまったものである。

さらに、こういいながらも政宗自身は、けっきょく指切りも腕裂きもしようとはしていない。彼にいわせれば、若い頃はそういう過激なこともしていたが、すでに老齢の身でそういったことをするのはみっともない。また、そんなことをすれば「いまほど八世のわらひ事」になってしまうのだ、という。つまり、政宗壮年のこの時期には、すでにそういった指切りすらも世間の風潮としては時代遅れになっており、すっかり行われなくなってしまっていたようなのだ。すでに泰平の時代に入って、情愛の表現としても指切りは黄昏を迎えていたようである。

それでも泰平の時代に、指切り習俗が最後まで続いていたのが、遊里と侠客の世界だった。近世以降、芸能・侠客・遊里といったアンダーグラウンドな世界に中世的な文化や言葉が残り続けることは、よくあることである。おそらく現代で「指切り」といえば、ヤクザ映画の世界の「オトシマエ」としての「指つめ」を連想する人がほとんどだろう。また、一般的には指切りは、遊女が顧客への愛の証しとする「心中立《しんじゅうだ》て」の所作としてのみ、その後も行われ続けた。「指切り・髪切り・入れぼくろ」（浄瑠璃『世《よ》継《つぎ》曾《そ》我《が》』）は、江戸時代、遊女が本命の男に真情を示すための常套手段だったのである。

しかし、元禄《げんろく》時代のプレーボーイの波乱万丈の人生を描いた井原西鶴《いはらさいかく》（一六四二～九三）の代表作『好色一代男《こうしょくいちだいおとこ》』には、こんな「心中立て」の裏話が描かれている。

主人公・世之介二九歳の冬、彼は信濃《しなの》国（現在の長野県）で忽然と姿を消した女を探し求めて、深夜の墓場にたどり着く。そこで世之介は、闇の中で墓場の棺桶を掘り返す謎の二人の百姓を目撃する。凄惨な状況に息をのんだ世之介は、二人にいったい何をしているのかと問いただす。すると、百姓は怯えながら、「許してください。生活に困って、いろいろ迷った挙句、埋葬された美しい女性の死体を掘り返し、黒髪と爪をいただいているところなのです」と答える。「いったい何のために？」と問いただす世之介に、百姓たちは以下のようにその用途を説明する。

上方の遊郭に毎年こっそり売りに行くのです。……女郎が心中立てをするときに、髪を切ったり、爪を取ったりして、客に渡してやりますが、あのときに本物の髪や爪は本命の男にあげて、その他の金持ちの旦那方五〜七人には「あなた様のために切ったんです」と、これを手紙なんかに包んで送るんです。もともと、このてのことは他人に話すことではありませんから、旦那方はこの他人の髪や爪を守り袋なんかに入れて、後生大事に持っているわけです。可笑しいじゃありませんか。旦那も、そういうときは目の前で爪や髪を切ってもらいなさいよ。

（巻四「形見の水櫛」、意訳）

遊女がめいめいの客に色よい返事をして繋ぎとめるという話は、落語「三枚起請」などにもあって、珍しい話ではないが、元禄時代には「心中立て」の際に、他人の髪や爪を送っていたというのだ。なにせ文学作品なので、どこまで本当かわからないが、かの世之介も「今まで知らぬ事なり。さもあるべし」と感心しているのだから、いかにもありそうな話ではある。侠客のオトシマエや、遊女の心中立てのアイテムにまで零落した爪や指をめぐるシンボリズムは、ついには他人の爪をもってそれに替えるという偽装工作まで生み出していたのである。

侠客や遊里の世界も衰滅した現代社会、さすがに「指切り」は私たちの日常からはほぼ姿を消してしまった。わずかに遊里の世界の男女の誓約の習俗は、子供たちの世界に残る「指切りげんまん」にその名をとどめているのみである。しかし、子供たちの「指切りげんまん」に、そんなに血なまぐさい前史があったことを知る人は、ほとんどいないだろう（なお、他に有力な説としては、「指切り」の「指」を「信用」を象徴する部位、「切り」を「ちぎり（契約）」と考える中田薫の説や、「指切り」を誓言に伴う仕草とする千々和到の理解などもある）。

以上、古くは「大化の改新」以前の基層信仰まで遡って、指や爪をめぐるシンボリズムの日本史を駆け足でたどってきた。古代・中世のエキセントリックな僧侶たちによる指灯供養から、戦国の武将たちの死んだ主人への手向けとしての指切り、そして近世の心中立てのアイテム、ついには「指切りげんまん」へ。たかが指爪、されど指爪。全般的には宗教的な要素を少しずつ失い、世俗化してゆきながらも、われわれの先祖はそれぞれの「指切り」に多様なシンボリズムを見出していたのである。そこには、本編で見てきた耳鼻削ぎの文化とも一種のアナロジーを認めることができるだろう。冒頭に述べた、バスルームで爪を排泄するという行為に、私たちが抱いた一抹の違和感も、こうした歴史の文脈のなかにあったのである。

耳・鼻・髪・指・爪……。一見、歴史性の希薄にみえる人間の身体部位についてすらも、日本の中世社会では豊穣なシンボリズムに彩られていたのである。

あとがき

二〇一五年六月に洋泉社歴史新書yより刊行した拙著『耳鼻削ぎの日本史』が、ありがたいことに文春学藝ライブラリーの一冊として再刊されることとなった。私もこれまでいろいろな本を出してきて、おかげでたくさんの読者の方々と出会う機会にも恵まれた。ただ、そんななかで数こそ少ないものの、すこし遠慮気味に『耳鼻削ぎの日本史』がいちばん好きだと言ってくれる読者がいる。数ある私の本のなかで、よりによって何故いちばんマニアックなこの本を……と思わないでもないが、そんなあなたは、ひょっとしたら私の一番の理解者なのかも知れない。

我ながら『耳鼻削ぎの日本史』は、良くも悪くも私の書く本の特徴がよく出ている本だと思う。テーマの奇抜さ、しつこく引用される史料、好奇心任せの現地への探訪、日本史を踏み越えた他地域とのやや強引な比較……、そんな私らしさが本書には満ちている。刊行後、わりと早くに品切れになってしまったため、ネットでは不当なプレミア価格がつけられてしまい、その点でも著者としては心苦しい思いを抱えていた。それだけに今回の再刊のお誘いは、ありがたい。

とはいえ、元版をそのまま再刊するのでは能がない。そこで、今回の新版では「耳」や「鼻」にとどまらない身体の部位をめぐる象徴性を論じた、書き下し稿「中世社会のシンボリズム」を「補論」として付け加えた。また本論中にも、元版刊行後に目にした耳鼻削ぎの新史料をこっそり増補しておいた。それから、新たに索引を付したほか、前回は掲載を断念した図版も多数追加収載して、結果的に本書では元版の倍近くの量の図版を紹介することができた。とくに「小牧長久手合戦図屛風」は、希有な耳鼻削ぎの絵画史料であり、読者が耳鼻削ぎのイメージを作るのにきっと役立つことだろう（丹羽篤志氏の御教示による）。

さらに、巻末の「解説」は、『世界の辺境とハードボイルド室町時代』（集英社インターナショナル）以来のご縁の高野秀行さんに無理をお願いして書いてもらった。世界を駆けまわる御多忙のなかにもかかわらず、本書の魅力を十全に伝えるありがたい「解説」のおかげで、本書は面目を一新するものとなった。とくに「荒ぶりつつも妙に几帳面な中世」という評は、中世人の気質を物語って余りある至言だと思う。深くお礼申し上げたい。

振り返れば、最初、私の研究論文集をちゃんと読んだうえで、こちらが思ってもみなかった「耳鼻削ぎ」という異様なテーマでの新書の執筆をご提案してくださったのは、洋泉社の渡邉秀樹さんだった。そして、入稿後は私の知るかぎり最も厳正な校閲をしてくださり、その後も他社から私の本が出るたびに目を通してくれて、適切なコメントと誤字の指摘をしてくださる樽永さん。元版には丁数の関係で「あとがき」が付けられなかったので、あらためてこの場でお二人への謝辞を申し述べたい。また、本書にもう一度命を吹き込んでくれて、再刊本にもかかわらず贅沢な本作りをしてくれた文藝春秋の瀬尾巧さんにも、深甚なる感謝の言葉を贈りたい。

なにより、こうして、また新たな「理解者」が増えていくのは、大きな喜びである。読者の方々は、さらなる「理解者」の拡大に一層の努力を図ってもらいたい。文庫サイズで携帯しやすくなった新版、ぜひ学校や職場、電車に持ち込んで、多くの人たちのまえでブックカバーなど付けずに読んでほしい。

清水　克行

二〇一九年三月三日

【参考文献】

《全体を通して》

拙稿「『耳鼻削ぎ』の中世と近世」（同『室町社会の騒擾と秩序』吉川弘文館・二〇〇四年、初出二〇〇二年）
拙稿「耳塚・鼻塚・鉄火塚」（村上興匡・西村明編『慰霊の系譜』森話社・二〇一三年）
※本稿は、耳塚・鼻塚をめぐる聞き取り成果をまとめたものである。本書では一般向けの書籍ということもあり、個人名や写真などは記述や掲載を省略した部分がある。聞き取り情報の詳細や情報源を確認したい方は、本稿に拠られたい。
拙稿「日本中世『習俗』研究の現在」（『歴史評論』七七九・二〇一五年）

《はじめに》

飯倉照平編『柳田国男・南方熊楠 往復書簡集（上・下）』（平凡社ライブラリー・一九九四年）
柳田国男「耳塚の由来について」（『柳田国男全集15』ちくま文庫・一九九〇年、初出一九一六年）
柳田国男「一目小僧その他」（『柳田国男全集6』ちくま文庫・一九八九年、初出一九三四年）

《第一章》

吉田孝「奈良時代の結婚」（『中公バックス日本の歴史3』付録3、中央公論社・一九八三年）
菊池英夫「唐代敦煌社会の外貌」（『講座 敦煌3』大東出版社・一九八〇年）

山本英二『慶安の触書は出されたか』（山川出版社・二〇〇二年）
黒田弘子「裁判にゆれる荘園」（阿部猛・佐藤和彦編『人物でたどる日本荘園史』東京堂出版・一九九〇年）
黒田弘子『ミミヲキリ、ハナヲソギ』（吉川弘文館・一九九五年）
小山靖憲「湯浅党と隅田党」（『図説和歌山県の歴史』河出書房新社・一九八八年）
勝俣鎮夫「ミミヲキリ、ハナヲソグ」（網野・石井・笠松・勝俣『中世の罪と罰』東京大学出版会・一九八三年）
《第二章》

福原啓郎「魏晋時代における肉刑復活をめぐる議論の背景」（同『魏晋政治社会史研究』京都大学学術出版会・二〇一二年、初出一九九七年）
長野ひろ子「幕藩法と女性」（女性史総合研究会編『日本女性史3　近世』東京大学出版会・一九八二年）
黒田日出男「史料としての絵巻物と中世身分制」（同『境界の中世・象徴の中世』東京大学出版会・一九八六年、初出一九八二年）

《第三章》

鈴木尚『骨が語る日本史』（学生社・一九九八年）
下向井龍彦『物語の舞台を歩く　純友追討記』（山川出版社・二〇一一年）
保立道久「虎・鬼ヶ島と日本海海域史」（同『物語の中世』東京大学出版会・一九九八年、初出一九九三年）
小荒間公民館十周年記念事業実行委員会編『名水の里こあらま』（一九八七年）

星野恒「京都大仏殿前ノ塚ハ鼻塚ニシテ耳塚ニ非ザル考」（同『史学叢説』二集・冨山房・一九〇九年）
丸山擁成「唐津街道と耳塚・鼻切り」（『交通史研究』四六号・二〇〇〇年）
北島万次「秀吉の朝鮮侵略における鼻切りと虚構の供養」（『メトロポリタン史学』六号・二〇一〇年）
北島万次『朝鮮日々記・高麗日記』（そしえて・一九八二年）
北島万次『豊臣秀吉の朝鮮侵略』（吉川弘文館・一九九五年）
山室恭子『黄金太閤』（中公新書・一九九二年）
琴秉洞『耳塚（増補改訂）』（総和社・一九九四年、元版一九七八年）
金洪圭編『秀吉・耳塚・四百年』（雄山閣出版・一九九八年）
魯成煥『耳塚の「霊魂」をどう考えるか（日文研フォーラム二六八回）』（国際日本文化研究センター・二〇一三年）
村井章介『境界史の構想』（敬文舎・二〇一四年）

《第四章》

氏家幹人「鼻そぎ耳きり指つめる〈文化〉の黄昏」（『受験の日本史』一九九一年九月号）
石井良助『日本法制史概説』（弘文堂・一九四八年）
守屋浩光「江戸時代初期における『寛刑化』と藩政の確立（一・二）」（『法学論叢』一三四―一・一三五―四、一九九三・四年）
菊池明編『土方歳三日記 上』（ちくま文庫・二〇一一年）

《終　章》

池上俊一『身体の中世』(ちくま文庫・二〇〇一年、原著一九九二年)

中田薫「西部亜細亜の古法律断簡三種」(同『法制史論集　三巻下』岩波書店・一九四三年、初出一九二六年)

仁井田陞『中国法制史研究 第一巻　刑法(増補版)』(東京大学出版会・一九九一年)

野村万之丞『マスクロード』(NHK出版・二〇〇二年)

宮武外骨『宮武外骨之著作集Ⅰ　私刑類纂』(太田書房・一九七二年、初版一九二二年)

桜井英治「中世史への招待」(『岩波講座日本歴史 第六巻　中世1』岩波書店・二〇一三年)

拙著『日本神判史』(中公新書・二〇一〇年)

《補　論》

岡田章雄『岡田章雄著作集　第一巻　キリシタン信仰と習俗』(思文閣出版・一九八三年)

山本博文『江戸お留守居役の日記』(講談社学術文庫・二〇〇三年、元版一九九一年)

大林太良「哀悼傷身の風俗について」(『岡正雄教授古稀記念論文集　民族学からみた日本』河出書房新社・一九七〇年)

佐藤憲一『伊達政宗の手紙』(新潮選書・一九九五年)

中田薫「法制史に於ける手の働き」(同『法制史論集　三巻下』岩波書店・一九四三年)

千々和到「中世日本の人びとと音」(『歴史学研究』六九一号・一九九六年)

解説

高野秀行

「今度、『耳鼻削ぎの日本史』という本を出すんです」と清水さんに聞いたとき、正直言って眉をひそめた。どうしてそんな悪趣味な本を書くのか。せっかく、日本中世史ブームの火付け役と呼ばれ、テレビにもちょいちょい出演し、その爽やかなルックスと弁舌で女性にも人気の若手教授となっているのに。清水さんはノリがいいので、編集者にうまくのせられたのかもしれない。

だいたい、私はゾンビ映画も苦手だし、そういうグロテスクなものは好きじゃないのだ。清水さんとは当時、一緒に対談の仕事もしていたし、それ以外にもプライベートでよく飲んでいたから（今も飲んでいるが）、どちらかが本を出したらもう片方は読まないわけにはいかない。感想を聞かれるだろうし、下手をすると書評の依頼を受けたり、何年かして文庫解説を頼まれるという最悪の展開すらありうる。

でも、と私は思った（期待した）。いくらノリのいい清水さんとはいえ、まさか耳鼻削ぎで一冊書くわけはないだろう。第一章は耳鼻削ぎでも、二章以降は中世の他の刑罰についての話題に移行するんじゃないか。つまり、耳鼻削ぎはキャッチフレーズとして使うだけなのではないか。

もう一つの期待は、清水さんが研究者としては希有なストーリーテラーであること。これまでの著作同様、さまざまなテクニックを駆使して面白い読み物に仕立て上げてくれるのではないか。

結果から言えば、初めの期待はこっぱみじんに打ち砕かれた。本書は「まさか」の徹頭徹尾、耳鼻削ぎの話だった。誰がどのような経緯でどういうふうに耳を切られたり、鼻を削がれたかという具体的事例が満載で、手加減ゼロである。本当にどういう神経をしているんだろうと思う。

しかし、もう一つの期待は見事に叶えられていた。本書は作家・清水克行史上、最も文章技術や構成に気を配った、秀逸な読み物となっており、最初から最後まで読者を──私のようなグロが苦手な読者も──捕まえて離さない。

冗談でもお世辞でもなく、研究者はもちろん、ノンフィクションやジャーナリズムを目指す人は本書をお手本にすべきだ。特に導入部分。

面白いノンフィクション（研究書、ルポなど含む）は、著者がそのテーマに興味をもった経緯がしっかり書かれている。その動機は建前ではなく、率直であればあるほどいい。

本書もそうだ。清水さんは、戦国時代に耳や鼻を切り取り、それを埋葬したとされる耳塚や鼻塚なるものが全国に存在することに気づいた。もしかしたら、そこでは今も耳や鼻を失った落ち武者の怪奇幽霊譚などが語り継がれているのではあるまいかなどという、「怖いもの見たさの好奇心」もあって、その一つに足を運んだという。

しかも、清水さんは耳塚の裏手に住む年配の人に「戦国時代の戦死者の耳が埋まっている隣に住んでいて気持ち悪くないですか？」なんてことも聞いたりしている。学者ではなく学生なんじゃないかと思えるほどの率直さだが、これで読者は著者のことをとても身近に感じることができる。

だが同時に読者はここで「この人、大丈夫かな？」と思いかける。「本当に耳鼻削ぎが学問的に重要なことなんだろうか」という疑問がちらつく。

まさにそのタイミングで、今度はいきなり柳田國男と南方熊楠という日本民俗学の二巨頭が登場するから驚く。二人はもともと懇意で、頻繁に手紙のやりとりを行っていたが、ある「事件」をきっかけに対立し、結局二度と関係を回復させることがなかった。その事件こそが「耳塚・鼻塚」なのだという。

耳塚・鼻塚の起源は「神に捧げられた生き物」と関係があるのではないかと形而上学へ飛躍する柳田に対し、中世には実際に耳や鼻を切り取って物品のように扱った事例は山ほどあると南方は猛反論したという。

さらに、清水さんはこの二人の対立は一つの事実認識のちがいにとどまらないと指摘する。柳田は着想の妙が身上であり、さらに民俗学を近代的学問として社会に認知させるために、グロテスクなものやおどろおどろしいものを極力排除した。いっぽう、南方は理論より博引旁証の天才であり、男色やオカルト的な対象を好むという、柳田とは正反対の性格をもっていた。つまり、「耳鼻削ぎ」は二人の巨人の日本文化観の相違を浮き彫りにしてしまう試金石であったというのだ。ここまで書かれたら、「耳鼻削ぎ習俗は中世人の思考様式を知るための格好のテーマだ」という清水さんの意見に異を唱えることはほぼ不可能となる。

しかも、同時に、柳田國男VS南方熊楠、正しかったのはどちらか?というアントニオ猪木VSモハメド・アリ的な関心が急浮上する。そのためには「耳塚・鼻塚」の謎を解き明かさねばならない……。

おわかりだろうか。たった十二ページ足らずの「はじめに」で、①本を書いた動機、②この本の意義、③謎の提示というノンフィクションで重要な三つの要素が実に手際よく効果的に記されているのだ。これほど冒頭の指針がしっかりしていれば、以降の面白さもかなり約束されている。

まだ未読の方は、本書を絶対に読みたくなったことだと思う。迷わず読むのが吉だ(以下、ネタバレを含むので、既読の方だけお読みいただきたい)。

＊

本文に入っても清水節は冴え渡る。なにしろ残虐行為としか思えない耳鼻削ぎが、女性や僧侶に対する宥免刑（軽減した刑罰）だった、つまり一種の「やさしさ」だったというのだ。ミステリ小説なら序盤でいきなりどんでん返しである。

以下、室町から戦国にかけて、耳鼻削ぎが、宥免刑から戦場での活躍を証明するための証拠品となり（まるで経費の精算のために領収書が必要みたいな話だ）、やがてはみせしめへと転じる様子をダイナミックに描き、読者は荒ぶりつつも妙に几帳面な中世をジェットコースターに乗って旅するような気分になるが、ここでは作家・清水克行の技術的な面を三つ指摘したい。

まずは、著名人・著名作品の有効利用である。有名な人やものは、読者にとって「身近」なので、感情移入度がグイッと上がる。例えば、「耳なし芳一」で芳一はなぜ平家の亡霊に耳をちぎりとられたのかというと、僧侶に対する刑罰としての耳鼻削ぎが背景にあったからではないかと推測する。

同じ文脈で吉田兼好の『徒然草』や芥川龍之介の『鼻』も挙げられる。もちろん、それがこじつけであっては何の意味もないが、清水さんの解説には説得力がある。これまで歴史や文学の「勉強」として習い覚えた物語がにわかに生々しい体温を伴った現実として感じられてしまう。小さな謎が次々に解かれるカタルシスもある。

次に、これまた清水さんが得意とする、「あえて現代的な表現を使う」というテクニック。本書では特に「死を覚悟の耳ピアス」とか「ガンコ一徹、耳鼻削ぎ」など小見出しにエッジが効いている。いや、エッジどころか切ったり削いだりしてるんだけど。

最後はときにさり気ない、ときにドカン！とぶちかますユーモア。私が特に笑ったのは江戸時代に入ってからも耳鼻削ぎをしつこく続けていた岡山藩について「岡山藩関係史料は耳鼻削ぎ研究には格好の素材といえるだろう」と記した部分。「そんな研究してるのは清水さんだけだよ！」と思わず突っ込んでしまう。同じく江戸時代、耳鼻削ぎ刑罰を他の藩では行っていないと知ったときの会津藩の反応（の描写）もおかしい。

「え、ウチだけなの……？」「会津もの、ってなんだよそれ……」、時代に乗り遅れた重役たちの驚愕が目に浮かぶ。（第四章「未開」の国から、「文明」の国へ）

補足すると、近隣の藩では耳鼻削ぎの刑を執行していないので、耳や鼻がそがれた者を他国では「会津もの」と呼んでいたという。この小説的描写は笑えるが、実にリアルだ。

以上に挙げたハイレベルの作家的技術により本は面白くなっているが、実はそれだけではない。中には「一般受けするために俗っぽくなり学術的価値が下がっているのではないか」と考える謹厳な方もいるかもしれない。でも逆なのだ。

面白く読めるからこそ、耳鼻削ぎの具体的事例や細かい議論を思う存分に展開できているのである。もしこれが下手な書き手だったら、読者は飽きたり辟易したりするので、結論まで読み進めるのが苦痛になる。場合によっては編集者が「もう少し耳削ぎの事例は削りましょう」と言うかもしれない。だが、清水さんは臆する必要がない。つまり、面白いからこそ、本の学術的価値も上がるのである。

さて、技術面の指摘に傾いてしまったが、最後、肝心の謎解きと猪木VSアリ、いや柳田VS南方バトルの結果について若干、私的な感想を記したい。

耳鼻削ぎは中世には広く行われた風習であった。これだけだと南方勝利なのだが、よく調べてみると、実際に耳塚や鼻塚に耳や鼻が埋められたことが確認されたものはないという。全く意外な結末である。つまり、南方が正しかったとも言えず、世紀の一戦は「痛み分け」だったようだ。

確実なことは何も言えないながら、清水さんは耳塚・鼻塚は「戦国時代の戦場に横行し、一八世紀初めに刑罰としても姿を消した耳鼻削ぎの鮮烈な記憶の残滓《ざんし》だったのではないだろうか」と推測する。

具体的に論証できないのでこの推論は若干弱いように見えるが、私は同意したくなる。「首狩り」との共通性を感じるからだ。

グロテスクは苦手と言いつつ、私は実は首狩りに大変興味がある。というのは、以前、二〇世紀中頃まで「首狩り族」として知られていたミャンマー・ワ族の村に住み込んでいたことがあるからだ。また、その後、ミャンマー・インド国境を何度も旅することになったが、そこに暮らすナガという民族も元首狩り族だった。彼らの中には一九九〇年頃まで首狩りをしていた人がいるという。実際、私も「若い頃、二人首を狩ったことがあるよ」とこともなげに話すおじさんに会っている。

ワ族やナガ族が首狩りを行った理由は、日本の耳鼻削ぎとは全く異なる。一つは復讐のためであり、もう一つは「作物の豊穣を祈って神様に供えるため」だと現地の人は説明するし、人類学者の文献にもそう書かれている。

中でもひじょうに興味深いのが山田仁史・東北大学准教授の『首狩の宗教民族学』（筑摩書房）。山田氏は「現代日本の常識から遠くはなれた領域にこそ人間の本質を知る手がかりがある。だからとめどもなく好奇心がわいてくる」と清水さんそっくりのことを述べている。

この本によれば、首狩りの習俗はかつて中国南部から東南アジアにかけての広い地域で行われていたという。そしてこの習俗は中華文明、イスラムや仏教、あるいは西欧植民地主義などの「啓蒙」により、廃れていったことが見て取れる。そして、最後までその習俗を残していたのが当該地域でも最も奥地であり、「啓蒙」が遅れたワ族やナガ族のエリアだったということのようだ。

これは清水さんが導く「耳鼻削ぎはユーラシアに広く存在した習俗だが、中国周辺では中華文明の影響を受けて早くに廃れ、辺境部である日本では遅くまで残った」という、本書のもう一つの文明論的な結論とも共鳴する。文明は人体を刻むことを「野蛮」あるいは「グロテスク」と見なす傾向にあるらしい。

それだけではない。

私はタイに二年ほど住んだことがあるし、以後も取材を重ねているが、当地では「ピー・グラスー（ピー・ガスー）」という空飛ぶ首のお化けが今も人気である。夜、寝ている人の体から離れて、内臓をぶら下げたまま浮遊し、生きている人間や動物を喰らうという妖怪だ。これは繰り返し漫画や映画となるどころか、テレビのニュースでも「ピー・グラスーに怯える村」などと報道されたこともあった。タイでは多くの人が恐れている物の怪なのである。私はこの妖怪を取材しようとしたことがあるが、あまりにも事例が多すぎて（とりとめがなさすぎて）断念した。

驚くことに山田氏によれば、この種のお化け話は実は中国南部から東南アジアにかけて、つまり首狩りがかつて行われた地域で広く伝えられているという。ちなみに、中国南部から日本に伝わったのが「ろくろ首」で、あれももともとは首から離れて空を飛ぶものだった。

そして、山田氏は「首狩りの遠い記憶や、場合によってはリアルな体験が、根強く残る地域にあっては、首を失うことの関心が、いやでも存続することになったのだろう」と推測している。

首狩りと耳鼻削ぎは、性質が全く異なる習俗でありながら、その消滅のしかたや記憶の残り方に共通点が見て取れるように思える。ただ、首狩りは妖怪になり、耳鼻削ぎは耳塚・鼻塚になるというちがいはある。首狩りが恐怖を生むのに対し、耳鼻がそうでないのは、純粋に魂は頭に宿るが耳や鼻には宿らないからではないか。

屋上屋を架すようで恐縮だが、そんな自分の推論を述べずにはいられない。耳鼻削ぎをグロテスクと思った日からずいぶん遠くへ来てしまったものである。

（ノンフィクション作家）

索 引

《凡例》

・本書に登場する人物を「I 人名索引」に、歴史用語や関連する場所などを「II 事項・地名索引」に、それぞれ掲出した。すべての語句を網羅するものではなく、初出や説明的な箇所のみを抽出したものもある。

・「耳削ぎ」「鼻削ぎ」、「耳塚」「鼻塚」は本書全体にわたり登場するため割愛した。

I 人名索引

あ 行

か 行

は 行

ま 行

や・ら・わ 行

II　事項・地名索引

た 行

な・は 行

ま・や・ら 行

清水克行（しみず・かつゆき）
1971（昭和46）年東京都生まれ。早稲田大学大学院文学研究科博士後期課程単位取得退学。博士（文学）。現在、明治大学商学部教授。専攻は日本中世史。主な著書に、『喧嘩両成敗の誕生』（講談社選書メチエ）、『日本神判史』（中公新書）、『戦国大名と分国法』（岩波新書）など。高野秀行氏との共著に、『世界の辺境とハードボイルド室町時代』『辺境の怪書、歴史の驚書、ハードボイルド読書合戦』（ともに集英社インターナショナル）がある。

文春学藝ライブラリー
歴34

耳鼻削《みみはなそ》ぎの日本史《にほんし》

2019年（平成31年）4月10日　第1刷発行

著　者　清　水　克　行
発行者　花　田　朋　子
発行所　株式会社　文　藝　春　秋
〒102-8008　東京都千代田区紀尾井町3-23
電話（03）3265-1211（代表）

定価はカバーに表示してあります。
落丁、乱丁本は小社製作部宛にお送りください。送料小社負担でお取替え致します。

印刷・製本　光邦
Printed in Japan
ISBN978-4-16-813080-9